Der Garten des Menschen

und andere Symbole zur Selbstentdeckung

Medhananda

Der Garten des Menschen
und andere Symbole zur Selbstentdeckung

Liberating Symbols Publishing

Erste englische Ausgabe 2006 unter dem Titel *The Garden of Man*

Erste deutsche Ausgabe 2025

von Rosemarie und Christoph Graf-Wettengel aus dem Englischen übersetzt und erweitert mit vier neuen Beiträgen aus Medhanandas Archiv:

- *Die Energie-Wellen-Schlangen Apop, Mehen und Weltumringler**
- *Die Fülle des Seins***
- *Baum-Sein – eine Erfahrung des Einsseins von Medhananda*
- *Baum, Schlange, Adam und Eva im biblischen Schöpfungsbericht***

* Der Text des ersten Unterkapitels *Das kosmische und unser individuelles Energiefeld* stammt aus Medhananda, *Das altägyptische Senetspiel*, S. 30 (dort mit anderer Überschrift).
** Aus Gesprächen von Hans Kröll mit Medhananda, zusammengestellt und bearbeitet von Rosemarie und Christoph Graf-Wettengel.

Fausto Fernandez und andere Freunde von Medhananda zeichneten die Illustrationen nach Abbildungen ägyptischer Originale; die Quellenangaben dazu stehen bei den Bildern oder in den Anmerkungen.

Titelbild: Nachzeichnung eines Bildes aus dem Papyrus von Khonsumes A (Mythological Papyri II, Papyrus 16).

Vertrieb: BoD · Books on Demand GmbH, Überseering 33, 22297 Hamburg
Druck: Libri Plureos GmbH, Friedensallee 273, 22763 Hamburg

ISBN 978-3-8192-0981-9

www.liberating-symbols-publishing.com
www.medhananda.com

Inhaltsverzeichnis

TEIL I

TEIL II

TEIL III

Asteriske [*] im Text weisen auf Anmerkungen hinten im Buch hin.

Teil I

Der Garten des Menschen

Nachzeichnung eines Bildes aus dem *Buch von denen, die ins Licht gehen* * (allgemein bekannt als das *Ägyptische Totenbuch*).

Die Lehrbotschaft des Bildes:
Ich bin das Wasser (bin WELLE, SCHWINGUNG).
Ich bin der Baum (bin KORPUSKEL, MATERIE).
Ich bin auch der Segen, den ich als Baum ausgieße –
über mich und alle, die vorbeigehen.

Der 3500 Jahre alte Hieroglyphentext

und die altägyptischen Bilder

in diesem Kapitel

enthalten Botschaften,

welche unsere Vorfahren aus dem Goldenen Zeitalter

uns hinterlassen haben

über den ‚geheimen Garten‘ im Menschen,

den sie entdeckten

zwischen ZEIT und EWIGKEIT,

zwischen WACHZUSTAND und TIEFSCHLAF,

zwischen KORPUSKEL- und WELLEN-REALITÄT,

einen Garten,

den sie bereitet haben zu unserer Freude.

Und sie haben uns in Hieroglyphen

die psychologischen Hinweise gegeben,

die wir für das Betreten jenes ‚Platzes‘ benötigen,

damit wir sie weitergeben können

an die Kinder der neuen Zeitalter.

3500 Jahre alter Hieroglyphentext
aus dem Grab von Amenemhet

Der Ägypter Amenemhet, aus dessen Grab der hier abgebildete 3500 Jahre alte Hieroglyphentext stammt, war ein adliger Schreiber der achtzehnten Dynastie.

Der Ägyptologe Sir Alan Gardiner hat diesen Hieroglyphentext ins Englische übersetzt.
Er ist in seinem Buch *Egyptian Grammar*, Griffith Institute, Oxford, dritte Auflage (Copyright Griffith Institute) in Hieroglyphen und englischer Sprache. Wir zeigen hier die Hieroglyphen und Gardiners Übersetzungen in deutscher Sprache (siehe Seite 15-19).

Medhananda erkennt in diesem kurzen ägyptischen Hieroglyphentext eine symbolische Botschaft, die an jeden von uns gerichtet ist.
Im Beitrag *Meditationen über den Hieroglyphentext* gibt er uns Hinweise zum tieferen, psychologischen Inhalt (siehe Seite 21-33).

Im Beitrag *Was die Hieroglyphen uns hinter den Worten und Dingen mitteilen können* zeigt Medhananda uns die einzelnen Bedeutungen der Hieroglyphen (siehe Seite 35-42).

Übersetzung des Hieroglyphentexts
durch den Ägyptologen Gardiner

Mögest du wandeln
wie du es wünschest und liebst

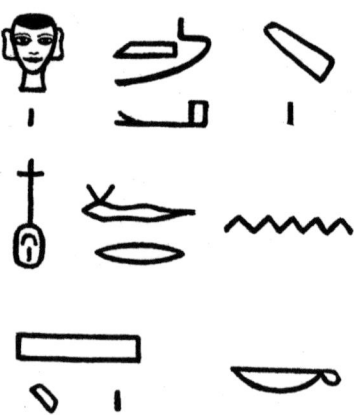

am schönen Rande
deines Teiches

*Möge dein Herz
sich erfreuen
an deinem Monument*

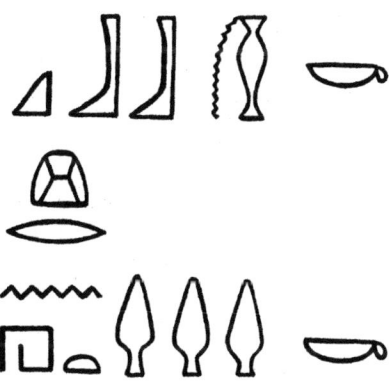

*Mögest du dich erfrischen
unter
deinen Bäumen*

und möge dein Herz
besänftigt werden
mit Wasser

aus
der Zisterne
die du gemacht hast,

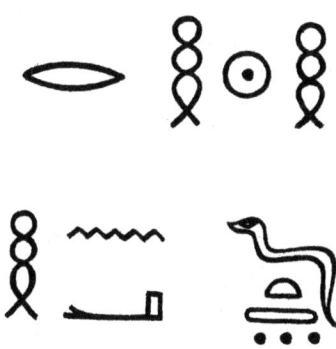

für immer

und ewig.

Meditationen über den Hieroglyphentext
mit zusätzlichen, ägyptischen Bildern
zum Thema: Der Garten des Menschen

Auch ich bin ein ewiges Kind,
das in einem ewigen Garten spielt.

Nachzeichnung eines Bildes aus dem Tempel von Philae

Mögest du wandeln,

wie du es wünschest,

am schönen Rand deines Teiches.

Mein Teich, die Wasser, aus denen ich geboren wurde,
der Teich, das Feld der Vibrationen,
in dem ich im tiefen Schlaf ruhe,
der Teich, die Wellenrealität,
in denen ich meine verbrauchten Formen auflöse
und mich in endlosen Geburten erneuere –,
dieser Teich ist mein individueller Zugang zur Lebensenergie,
die immer verbunden ist mit dem Ur-Ozean der Schwingungen.
Auf der einen Seite sind die Wellen, die Wasser,
die reinen Energien und das, was ich davon spüre:
mein individueller Teich, mein persönliches Schwingungsfeld.
Auf der anderen Seite beginnt die Welt der Materialisierung,
der Inkarnation, des Werdens (der Korpuskel).
Die beiden vereinen sich in ihrer Intersektion:
meinem Garten,
meinem privaten Platz der Selbsterschaffung –,
von wo ich einem unendlichen Ziel entgegengehe.
Hier stehe ich am schönen Rand meines Teiches
und versuche, Meister meiner beiden Seinsweisen zu werden;
der korpuskularen wie auch der vibrierenden wellenartigen,
der zeitlichen wie auch der ewigen, unendlichen,
der Seinsweise der Vielheit wie auch derjenigen des Einsseins.
Möge es mir gelingen,
die beiden in vollkommenem Gleichgewicht zu halten –
immerdar.

Mein Monument ist ein wohlgeordnetes und strukturiertes
Universum, erdacht und reflektiert als mein eigenes ewiges Wesen.

Nachzeichnung eines Bildes aus dem Papyrus von Ani

Möge dein Herz sich erfreuen

an deinem Monument.

Mein ‚Monument‘ – hieroglyphisch dargestellt
mit dem Spielbrett des ‚ewigen Spiels‘
und den ‚Töpfen‘, die mir in meinen
zahlreichen Inkarnationen
immer wieder eine Form geben (vgl. S. 15 u. 36) –
ist das Symbol meiner spirituellen Beständigkeit.
Freude an diesem Monument zu finden,
welches ich von mir selbst geschaffen habe,
hängt von meiner Fähigkeit ab,
die dauerhaften Düfte und Schwingungen,
die ich in unzähligen Leben verströmt und zurückgelassen habe,
zu ‚riechen‘, zu ‚atmen‘, und durchdrungen zu sein
von der vibrierenden Wirklichkeit
meiner vergangenen geistigen Formationen,
und sich ihres immer-gegenwärtigen Ursprungs
stets bewusst zu sein.
Am schönen Rand meines Teiches erfreut sich so mein Herz
an der monumentalen Schwingungs-Symphonie
der Permanenz meines Seins und Werdens,
an der ich von Geburt zu Geburt,
von Stern zu Stern weiterbaue.

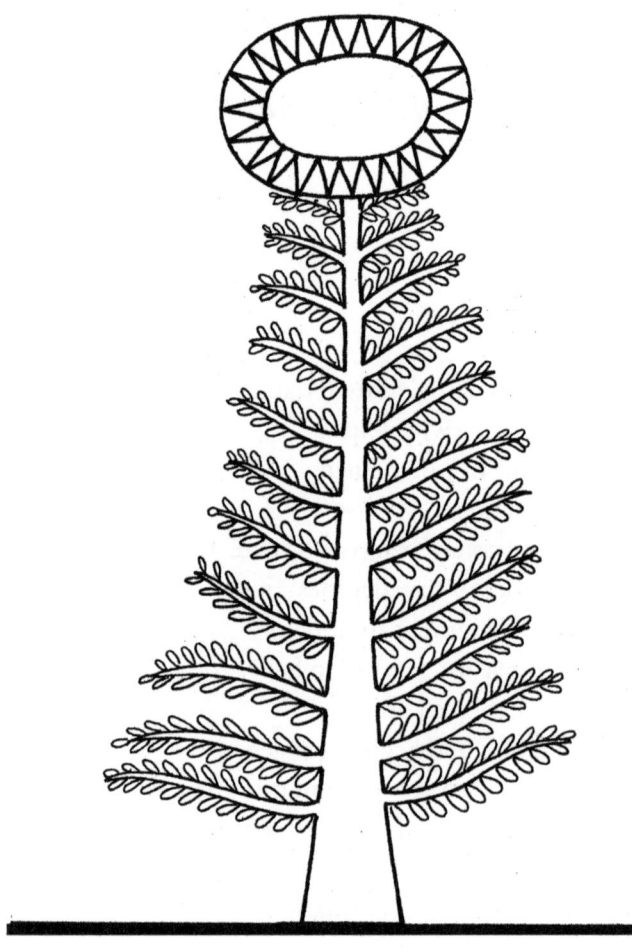

Mein Baum, der sich selbst kennt, der Baum, der ich bin
und der alles ist, trägt die Krone meiner ewigen Wiederkehr.

Nachzeichnung eines Bildes aus dem *Buch derer, die ins Licht gehen*
(besser bekannt unter dem Titel *Das ägyptische Totenbuch*)

Mögest du dich erfrischen

unter deinen Bäumen.

Am schönen Rand des Teiches –
zwischen meinen Lebens-Energien
und meinen Lebens-Formationen,
die ihre Wurzeln in meinen Teich tauchen,
wächst der Garten meines Paradieses,
wachsen die Bäume, die ich selbst gepflanzt habe –
der Baum der Materie,
der Baum des Lebens,
der Baum der Erkenntnis,
der Baum der Archetypen,
der Baum der Seligkeit und Unsterblichkeit –,
und sie alle gießen von ihrer Höhe aus
ihre Trankopfer auf mich herab.
Was immer ich in meinen vergangenen Leben
bewusst und freudig getan habe,
kann als das Pflanzen von Samen betrachtet werden,
Samen, die zu neuen Bäumen heranwachsen,
in deren Schatten
ich in zukünftigen Leben wandeln werde,
deren Früchte mich in meinen kommenden Verkörperungen
erfrischen werden,
deren Sonnenenergie meine Kraft sein wird,
um weiter in Raum und Zeit zu strahlen.

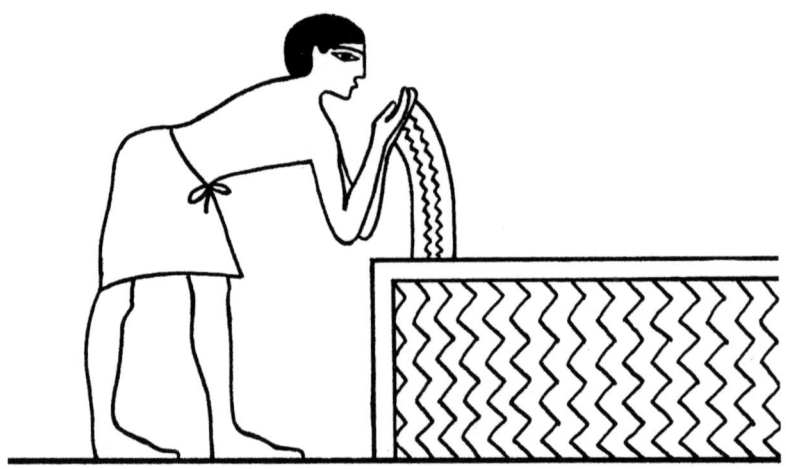

Ich erfrische und verjünge mich jeden Tag
aus dem mütterlichen Brunnen, der tief in mir verborgen ist.

Nachzeichnung eines Bildes aus dem *Buch derer, die ins Licht gehen*
(besser bekannt unter dem Titel *Das ägyptische Totenbuch*)

Möge dein Herz besänftigt werden

mit Wasser aus der Zisterne,

die du gemacht hast

Um die ewige schwingende Grundlage
meines Seins zu entdecken,
das Kraftfeld, das die Manifestation
der Welt bewirkt,
habe ich lange und tief in mir selbst gegraben.
Ich muss diesen Kontakt dauerhaft machen –
gemäß einer Symbolik,
die vielleicht älter ist als das alte Ägypten,
und die in unseren Märchen weiterlebt –
indem ich einen ‚Brunnen' baue
für das Wasser des Lebens,
um meinen Durst zu stillen auf ewig.

Die gleiche Symbolik findet sich im Johannesevangelium (4,13).
Jesus sagt zu der samaritanischen Frau:
„Wer von diesem Wasser (am Brunnen) trinkt,
den wird wieder dürsten;
Wer aber von dem Wasser trinkt, das ich ihm geben werde,
wird in Ewigkeit nicht dürsten, sondern das Wasser,
das ich ihm geben werde, wird in ihm zu einer Quelle werden,
die voll ewigen Lebens ist."

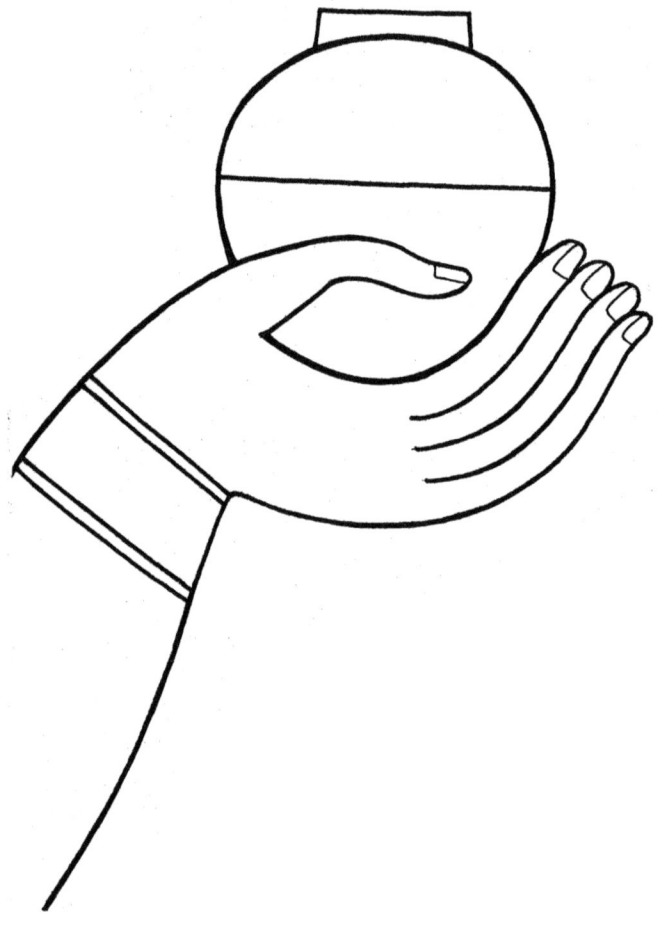

Ich gebe meine grundlegenden Energien
den höchsten Ebenen meines Selbstgewahrseins hin.

Nachzeichnung eines Bildes aus dem Grab des Haremhab

für immer und ewig.

Die ägyptischen Hieroglyphen für Ewigkeit, Unendlichkeit
können nur im Zusammenhang mit dem unerschöpflichen
Ur-Ozean der Energie-Wellen verstanden werden,
dessen Vorstellung zu den Grundlagen
der altägyptischen Kultur,
ihrer Psychologie und Ontologie gehört.

Das erste Hieroglyphenbild evoziert
meine eigene Fähigkeit
kontinuierlich Energien aus meiner Tiefe
anzusaugen wie ein ‚Docht‘,
und mit dem, was wir ‚Zeit‘ nennen, so umzugehen,
dass all ihre kreisförmigen und spiralförmigen Bewegungen
auf das Zentrum, das ich bin, bezogen bleiben.

Das zweite Hieroglyphenbild zeigt deutlich
dass ich jene Energie bin, jene Schlange der
Kraft,
die dem Ozean der Schwingungen entspringt
und die alle leiblichen Formen sowohl belebt
als auch transzendiert.
Ihre spirituelle Kraft ist die Essenz
und Substanz meiner Unendlichkeit,
meines ‚Königreiches‘.
Sich dieser Kraft bewusst zu sein,
bedeutet, darin zu leben;
sie ist mein ewiger Garten. (Vgl. S. 17 u. 40)

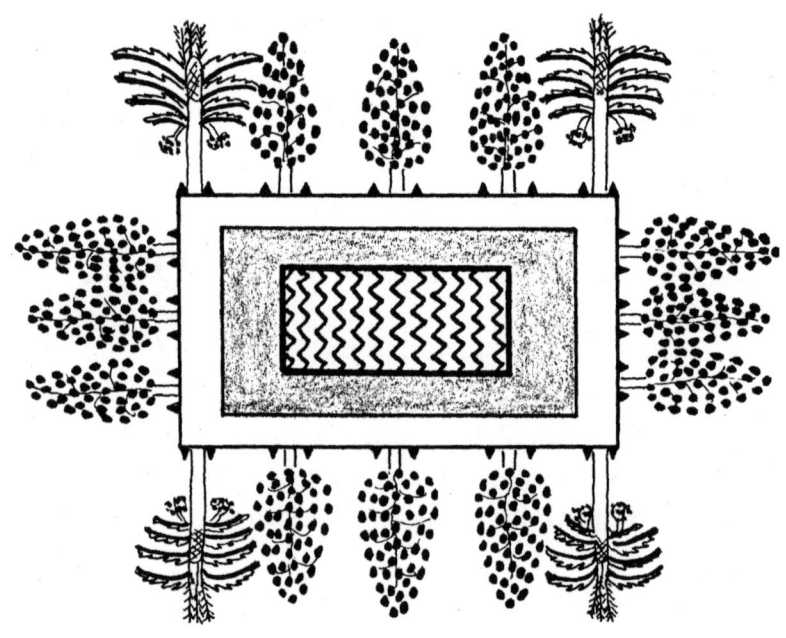

Mein Teich hat einen Namen, den nur ich kenne.
Er lautet: ‚Komm herein‘.

Nachzeichnung eines Bildes aus dem Papyrus von Nekht

Dieser wunderbare Text
mit seinen einfachen Sätzen,
die sich wie ein Gedicht lesen,
ist ein Beispiel für die reine Form
der Selbsterkenntnis,
die man im alten Ägypten findet.
Der Text enthält keine Spur von Volksreligiosität
oder Aberglauben,
denn es gibt keine Spur von Trennung
zwischen dem Menschen und dem Universum,
zwischen dem Menschen und seinem vibrierenden Ursprung.
Er bringt uns eine komprimierte und vollständige
psychosynthetische Symbolik
des archetypischen Menschen in seinem Paradies –
einem Paradies, das ein Weg ist,
sich seiner Seelenkräfte bewusst zu werden,
die Verbindung mit seinem Kraftfeld zu bewahren,
ja, mit ihm am eigenen Ufer,
am eigenen Horizont zu gehen,
und mit jedem Schritt zu erkennen,
woher man kommt, wer man ist
und wohin man geht.
Das ist der Segen,
der in dieser ägyptischen Evokation
verborgen ist.

Was die Hieroglyphen uns
hinter den dargestellten Dingen
und Zeichen mitteilen können

 wandeln, spazieren, umhergehen

 du, dein, du selbst, dich selbst

 schwingende Saite, Schwingung
entsprechend, gemäß
(kann auch auf die Zukunft hinweisen)

 Ackerbaugerät, Hacke, Liebe
(zwei Stöcke werden miteinander
verbunden)

 Liebe mit vibrierender Intention,
wünschen, sich sehnen

 Liebe
von Resonanz zu Resonanz

 Kopf, Führer (Chef),
auf, unter, bei

 Landzunge, Ufer

 Sockel, Wahrheit, Fundament von allem

 Wahrheit, wahr, echt, wirklich

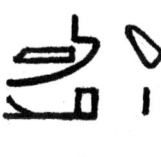 Rand, Ufer, Landzunge
(impliziert auch Ufer der Wahrheit,
Rand/Strand der äußeren und inneren
Wirklichkeit)

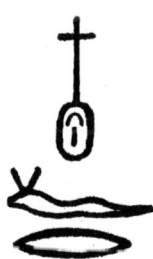 Laute, Schönheit, schön, Resonanz, Freude

 In Resonanz sein mit sich selbst

 Welle, Vibration, Schwingungsfeld, der Urquell
aller Dinge, von (als Präposition)

Teich, Pool (impliziert das Vorhandensein eines
Gartens), im weiteren Sinn:
die Wasser des Lebens, der Wellen-Urgrund,
das Kraftfeld der Schwingungen/Vibrationen

die schwarze Sonne –,
die verschleierte vibrierende
Wirklichkeit

Herz

Nase, riechen (Düfte, Parfüms)

 sich freuen, sich erfreuen

 Eule, das, was die Nacht, die
verborgenen Geheimnisse liebt.
Als Präposition bedeutet es
auch: in, mit, von innen

 Topf, Geber einer Form (dem,
was keine Form hat, wie z. B.
das Wasser)

 Brettspiel, ewiges Spiel,
Dauerhaftigkeit, Permanenz

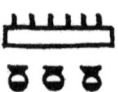 Monument, Denkmal,
bleibende Form (die drei mit
Wasser gefüllten Töpfe geben
dem Spiel eine Form)

Höhe, hoch, Erhabenheit,
Erhöhung

Fuß, eine Seele, die als
Körper auf der Erde geht

Wasser, das aus einem
Krug fließt

Trankopfer, erfrischen
(was eine gewisse Höhe
impliziert, aus der die
Erfrischung kommt)

unter

Baum

Sykomore, Lebensbaum,
heilige Bäume

Altar (mit Opfergabe)

Opfergaben, zufrieden sein,
besänftigt sein, Frieden

Wasser, der vibrierende Kraft-
Aspekt der Dinge

Instrument, Krummhaue

Kanal,
künstlicher See

ausführliche Schreibweise von ‚Wasser‘,
die eine vom Menschen geschaffene
Anordnung der Wasserkraft impliziert

 leere Haut, Wasserhaut,
Wasserhülle

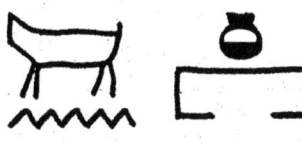 Inneres, innen, zuhause

 Krug

 Brunnen (voll von Wasser)

 Zisterne, Brunnen

 sehen, tun, machen, erschaffen

 als Präposition hier:
,zugehörig zu'

 du

 Docht-Faden, Energie hochsaugen

 Selbst-Gewahrsein,
(unser Zentrum,
Sein-Bewusstsein-Seligkeit)

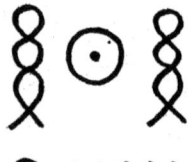 Ewigkeit, bewegte Unendlichkeit

 (als Konjunktion): und, mit, zusammen

 sich aufrichtende Schlange,
königlicher Uräus,
vibrierende Energie und Transzendenz

 Mental, Denken, Verstand
(Geist, engl. mind), Konzeption, Begriff

 Erde, Land

 Unvergänglichkeit,
Königreich, Anwesen, Grundstück

Ein altes ägyptisches Märchen

von Medhananda erzählt

Das älteste Märchen
der Welt,

in dem wir schon alle
eine Rolle spielen,

hat Medhananda
in Aegypten gefunden
und übersetzt.

aus Medhanandas Notizbuch

Es war einmal ...

ein Königskind, dem,
als es geboren wurde,
die Schicksalsgöttinnen voraussagten,
dass eine Schlange,
oder ein Krokodil,
oder ein Hund
die Ursache seines Todes sein würden.
Da war das Königskind sehr traurig
und erkundigte sich,
wie es diesem schrecklichen Schicksal entgehen könnte.
Es bekam von allen Seiten die Antwort,
alle Menschen müssten sterben.

Eines Tages kam es in einen Tempel,
und da waren das Bild einer Schlange auf der einen Seite,
das eines Krokodils auf der anderen Seite,
und über der Türe zum Allerheiligsten
war das Bild eines Hundes.

Das Königskind fragte den Priester:
„Bedeuten diese Bilder das Schicksal jedes Menschen?"
„Wer sie richtig versteht,
ist Meister seines Seins, neb-un-n-f,"

antwortete der Priester.
„Lehr mich,
der Meister meines Seins zu werden",
bat das Königskind.

„Sieh, die Schlange;
sie ist deine Lebenskraft,
die Energie,
die dich durch die Jahrmillionen trägt.
Mit jeder Welle versucht sie,
dich zu den Sternen zu werfen.
In jedem Wellental gibt sie dir den Anstoß,
dich in die Welt der Sterne zu erheben,
um wie deine Ahnen, die dort sind, zu leuchten.

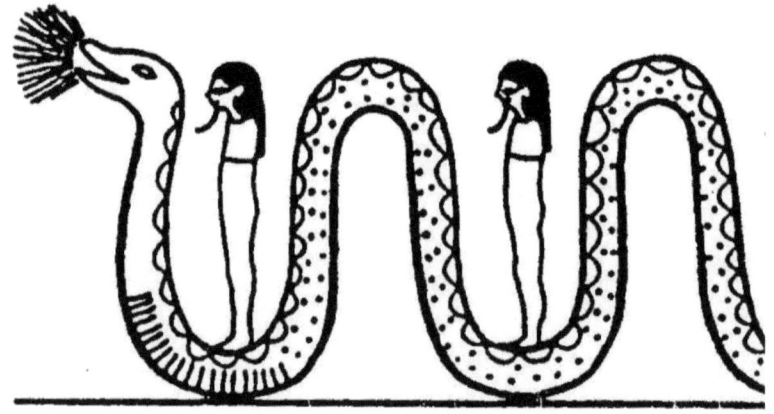

Wenn du nun aber von dir selbst sagst:

‚Ich bin das, was in diesem einen Wellental geboren wird,

und folglich auf dem Hügel stirbt‘,

dann hast du deine unsterbliche Schlangenkraft

selbst in Stücke geschnitten.“

„Ich werde das nicht tun“,

versicherte das Königskind.

„Aber wie ist es mit dem Krokodil,
von dem die Schicksalsgöttinnen sprachen?"

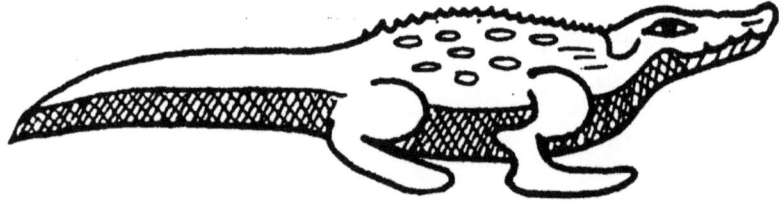

„Ja, das Krokodil", sagte der Priester
und wies auf die andere Wand.
„Auch das Krokodil ist ein Teil deiner selbst.
Es ist das in dir,
was sich gefräßig ernähren muss,
was ständig andere Lebewesen verschluckt.
Wenn du nun sagst: ‚Ich bin hungrig',
dann hat das Krokodil dich schon verschlungen.
Du hast dich mit ihm identifiziert
und wirst nun mit ihm alt und krank werden
und mit ihm sterben.

Pass auf, dass du nicht mit dem Krokodil endest,
sondern dass das Krokodil
ein kleiner vorübergehender Teil
deines großen Seins bleibt,
etwas was du dir selbst immer erneut einverleibst."
„Ich werde gut auf mein Krokodil aufpassen",
versprach das Königskind.

„Aber wie ist es mit dem Hund?"

„Auch der Hund ist ein Teil von dir.
Wenn du dich kennengelernt hast,
wirst du auch ihn kennen.

Dann wird er dein bester Freund sein.
Als dein Schatten, dein Schutzgeist,
wird er dich überallhin begleiten,
dir alle Wege und Tore öffnen.
Schon jetzt ist er in dir,
das was immer wachsam bleibt.
Selbst wenn du in den Schlaf
und das Selbstvergessen gefallen bist,
passt er auf,
dass du dich in deinen Träumen nicht verlierst,
sondern den Weg zurückfindest in dich selbst,
rechtzeitig am nächsten Morgen.

Damit du dich mit ihm befreunden kannst,
wird dir die Gelegenheit des Schlafs gegeben,
um dich zu üben,
mit ihm im vollen Gewahrsein deiner selbst
durch die Tore zu gehen,
die von Leben zu Leben führen.

Von ihm geführt,

so wie du jetzt von Traum zu Traum gehst,

wirst du von Leben zu Leben gehen,

ohne dich selbst zu verlieren oder zu vergessen."

Das Königskind versprach dem Priester
und sich selbst,
Freund zu werden mit seinem treuen Wächter,
und so ist das Königskind nie gestorben
und lebt noch heute in jedem von uns.

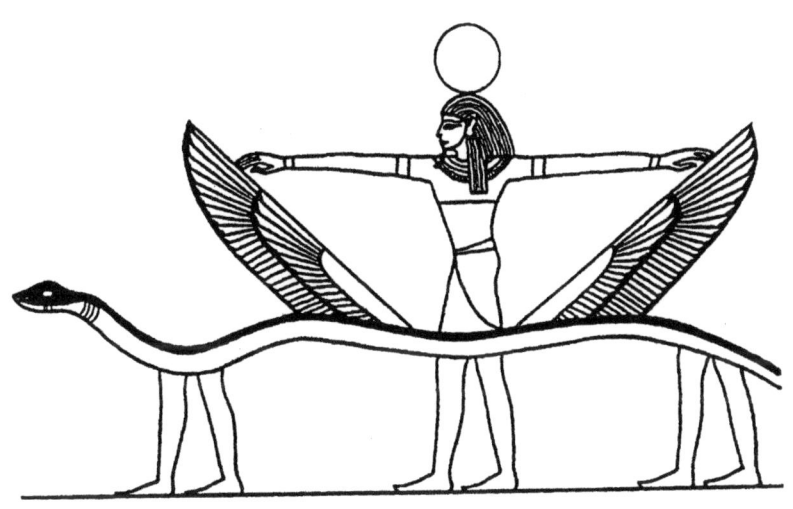

Anmerkung:

Dieses alt-ägyptische Märchen wurde als handgeschriebener deutscher Text in Medhanandas Notizbüchern gefunden. Der Text enthielt keine Quellenangaben, auch keine Bilder.
Die Herausgeber haben einige zum Inhalt passende Illustrationen aus Medhanandas Büchern *Der Weg des Horus* und *Archetypen der Befreiung* hinzugefügt.

Seite 41:
in *Der Weg des Horus,* S. 63, aus Piankoff, *The Tomb of Ramesses VI*, II, Pl. 52

Seite 46 und 47:
in *Der Weg des Horus,* S. 62, aus Piankoff, *The Tomb of Ramesses VI*, I, 361

Seite 48:
in *Archetypen der Befreiung,* S. 100, aus Roeder, *Mythen und Legenden*, 61, Det.

Seite 49:
in *Archetypen der Befreiung,* S. 141, aus Litany of Re, Papyrus of Paser

Seite 51:
in *Archetypen der Befreiung,* S. 142, aus Rossiter, *Totenbücher*, 82

Seite 53:
in *Der Weg des Horus,* S. 71, aus Budge, *Gods of the Egyptians*, I, 251, Det.

Die Energie-Wellen-Schlangen
Apop, Mehen und Weltumringler
im alten Ägypten

Das kosmische und unser individuelles Energiefeld

Die Schlange ist in der alten ägyptischen Bildersprache das Symbol einer ihrer selbst bewussten Schwingung in einem Universum, das im Wesentlichen ein endloser Ozean vibrierender Energie ist, *Nun* genannt, und dargestellt mit drei parallelen, horizontalen Wellenlinien.

In diesem Energiefeld *bewusst* mitzuschwingen, bedeutet, seine ‚Essenz‘ zu kennen.

Das unendliche Meer von Schwingungen, *Nun*, ist der Bereich des kosmischen Energiefeldes der  Schlange, *Apop,* mit der wir zwar nicht spielen können, weil sie die Unendlichkeit ist, durch die wir aber hindurchgehen können, so wie *RE*, die Sonne (Symbol für Licht, Bewusstsein) es jede Nacht tut, wenn seine Korpuskularität verschwindet, und er in das Amduat, das Reich der Sterne eintritt. [1]

Oder wir können uns auf die kosmische Schlange legen, so wie es in der Mythologie der Hindus von Vishnu erzählt wird, der im Traum die Welten erschafft.

Die symbolisch bedeutsame *horizontale* Ausrichtung von *Nun* (im unteren Teil des nebenstehenden Bildes) kann als eine Ausdrucksweise gesehen werden, die deutlich macht, dass *Nun* der Seinsgrund ist, aus dem sich alle Dinge, auch die Götter, erheben.

Dieses bedeutsame Bild ermöglicht es, zu zeigen, dass sich unser individuelles Feld – dargestellt mit einer *vertikalen* Wellenbewegung – aus dem Wellenmeer, *Nun*, herausdifferenziert und gleichzeitig in voller Kommunikation mit ihm bleibt.

Aus dem Papyrus von Nebi-Seni

Dieses individuelle Feld oder diese besondere Art der Schwingung ist unser Energiekörper.

Er wurde im alten Ägypten als Schlange *Mehen* dargestellt.

Auf dem Bild sieht man, wie die zweiköpfige Energiekörper-Schlange die Form eines Seelenschiffs annimmt und uns stufenweise in die Höhe zu unserer Bestimmung führt, zu unserer Selbsterschaffung und Selbstmanifestation.

Ein alter Text beschreibt *Mehen* als ‚Wurzel' jedes Lebewesens, die in die Ur-Gewässer getaucht ist und nun den konstanten Vorgang unseres Auftauchens aus diesen aktiviert.

Schleier um Schleier muss gelüftet werden, wenn wir Zeuge des Mysteriums sein wollen, das sich zwischen dem Nicht-Manifestierten und dem Manifestierten ereignet, die beide durch die *Mehen* verbunden werden.

Mehen ist mehr als reine Energie:

Sie ist eine beinahe sichtbare Schwingung, eine fühlbare, vibrierende Gegenwart in und um uns herum, der Wächter an den Toren aller Paradiese.

Sie trägt uns, und wir tragen sie auf unserem Weg.

Selbst *RE*, Symbol für das Selbstgewahrsein des *Einen* in einer Welt der *Vielheit,* der im Bild (links und unten) als Widder erscheint, ist von seiner *Mehen* umgeben. Auf sie verlässt er sich auf seiner Reise, wenn er von einer Phase des Seins in eine andere hinüberwechselt, zum Beispiel von der Aktivität zur Ruhe, vom Wachsein zum Schlaf.

Selbst wenn er in das große kosmische Energiefeld eintaucht, wird er immer von seinem eigenen individuellen Feld begleitet: von seiner *Mehen*.

RE, die Sonne, hier in der Gestalt des Widders,
und Mehen, sein Energiefeld

Aus dem Papyrus von Djed-Konsu-iuf-ankh

Die Wellenschlange Apop
unter dem Sonnenschiff von RE

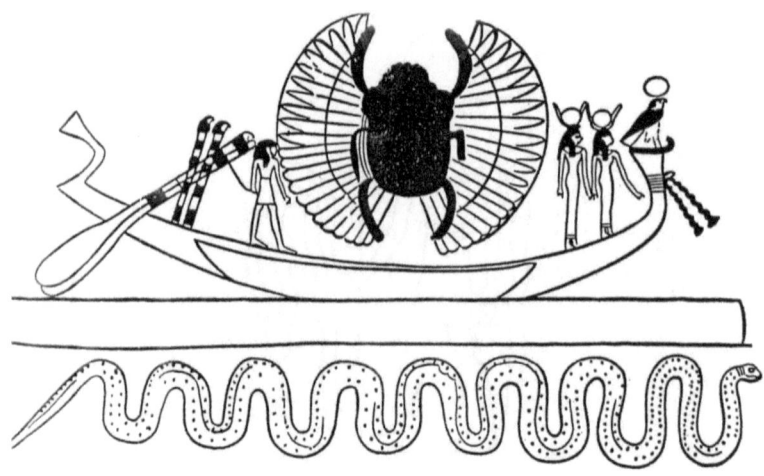

Die Wellenschlange Apop unter dem Sonnenschiff von RE,
der hier als Scarabäus, Symbol für ewiges Neuwerden,
dargestellt ist.

Aus dem Paryrus von Nesi-Khonsu B, Mythologische Papyri I, Kairo Museum

Apop bleibt der Undifferenzierte, denn er nimmt nicht teil an irgendeiner Existenz.

Die Energie-Wellen-Schlange kann als das vibrierende Universum gesehen werden.

Im Papyrus von Nesi-Khonsu wird Apop als Wellenbewegung unter der Barke von RE (Symbol für Sonne, Licht, Bewusstsein) dargestellt.

Das Sonnenschiff von RE symbolisiert die manifestierte, korpuskulare Welt, die wir in unserem Tages-Wach-Bewusstsein erleben.

Im Tiefschlaf oder im Tod verschwindet die äußere Welt,

oder – bildhaft gesprochen –

Apop verschlingt unser Bewusstsein, die Sonne, RE. [2]

Wir reisen im Amduat, wie die Ägypter es nannten, im Reich der Sterne.

Dorthin kehren wir jede Nacht und auch am Ende jeder irdischen Existenz zurück, in die Welt der Vibrationen,

um unsere Energien zu erneuern

und uns wieder in ein korpuskulares Wesen zu projizieren.

Dies wird auf dem Bild durch Kheper, den Skarabäus,

ein Symbol für das Ewige Neuwerden, angekündigt.

Die Weltumringler-Schlange der Verjüngung –
Psychologie in der Mythologie

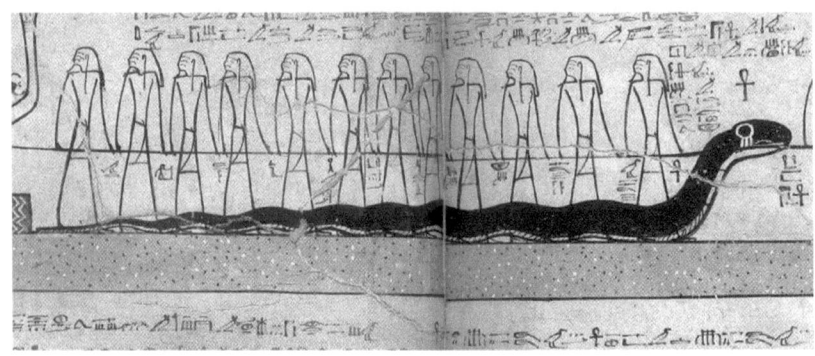

Die Schlange ‚Weltumringler‘, Ausschnitt aus einer Darstellung
der zwölften Stunde in der Grabkammer des Pharao Thutmosis III

aus dem Katalog: *In Pharaos Grab,*
die verborgenen Stunden der Sonne, 2006/2007

In der Grabkammer von Thutmosis III. wird die Fahrt des RE, der Sonne, Symbol für Licht und Selbstgewahrsein, auf seinem Sonnenschiff durch die zwölf Stunden der Nacht dargestellt. In der elften Stunde werden Vorbereitungen für den bevorstehenden Sonnenaufgang gemacht; die riesige Schlange ‚Weltumringler‘ wird von zwölf Neteru* vor das Schiff getragen. In der zwölften Stunde, kurz vor Sonnenaufgang ereignet sich dann allnächtlich das Wunder der Verjüngung: Das Sonnenschiff mit RE und seinem Gefolge und alle sogenannten Götter und unzählige Tote betreten als Greise und Gebrechliche vom Schwanz her den Riesenkörper des Weltumringlers, ziehen seinem Rückgrat entlang und kommen aus seinem Mund als Erneuerte, Verjüngte, als Kinder heraus. In der Darstellung dieser zwölften Stunde wird auch gezeigt, wie die aufgehende Sonne, RE, in der Form des Skarabäus, des Sonnenkäfers erscheint – dem Symbol für ewiges Neuwerden. Allgemeiner Jubel herrscht.

Erleben nicht auch wir jede Nacht das Wunder der Verjüngung: Am Abend vom Tagesgeschehen ermüdet, legen wir uns hin und schlafen. Und am nächsten Morgen erwachen wir verjüngt, mit neuen Energien versehen. Und was im Nacht-Zyklus alle 12 Stunden geschieht, kann auch in einem größeren Zyklus von Sterben und Neugeburt aller lebenden Formen gesehen werden.

Anmerkung:

[1] **Amduat**

Amduat wird meist übersetzt mit *Das, was in der Unterwelt ist* oder *Schrift des Jenseits* oder *Schrift des verborgenen Raumes*. Medhananda übersetzt es mit *Buch von den Geheimnissen innerer Räume:* Er erkennt in diesen altägyptischen Texten und Bildern Darstellungen von verschiedenen nicht-mentalen Bewusstseinszuständen, die als die zwölf verborgenen Stunden der Sonne in der Nacht (Sonne = Sinnbild für unser Selbstgewahrsein) ihren Ausdruck fanden (vor allem an den Grabwänden der Pharaonen, z.B. des Thutmosis III.). In Symbolsprache werden verschiedene Bewusstseinszustände, die wir im Schlaf (Tod, Unterwelt, Jenseits) erfahren, erläutert und Antworten gesucht auf die Frage: „Was geschieht in diesen Zwischenzuständen?"

[2] **Apop, die Schlange, verschlingt RE, die Sonne**

Der Symbolgehalt von Apop – hier von Medhananda in ontologischer, psychologischer Weise erläutert – veränderte sich in der langen ägyptischen Ära. In der Mythologie des *Mittleren Reiches* wurde Apop (sein Name bedeutet Riese) zu einem Symbol für Chaos, Finsternis, Unwissen, Unbewusstheit, Auflösung und zu einem Widersacher von RE, dem Symbol für Sonne, Licht, Bewusstsein. Jede Nacht verschwand RE; das wurde als Bedrohung für die gesamte, kosmische Ordnung gesehen.

In der Neith-Kosmogonie aus einer früheren Zeit wurden RE und Apop noch als Brüder gesehen, RE war der Erstgeborene. Diese mythologische Aussage ist aufschlussreich in Bezug auf das, was Sri Aurobindo* über Involution und Evolution schreibt, wonach die höchste Bewusstseinskraft (im alten Ägypten das Symbol RE) zuerst war und sich dann – um des Spieles willen – involvierte (,einwickelte'), in einen Zustand von Unbewusstheit in der Materie. Die Involution* ist laut Sri Aurobindo die Voraussetzung, dass es Evolution in der Materie geben kann. Das Bewusstsein evolviert (,ent-wickelt') sich im Laufe der Zeit und manifestiert sich in vitalen, mentalen, und auch noch anderen, höheren Bewusstseinsebenen*.

Die Fülle des Seins

Aus der Grabkammer des Pharaos Ramses IX.

Medhananda: Auf der *Königlichen Elle*, dem Messstab der alten Ägypter, ist auf den insgesamt achtundzwanzig Bildern dreimal eines mit einer Standarte zu sehen [1], und hier haben wir wieder ein Standartenbild, es stammt aus der Grabkammer des Pharaos Ramses IX.

Standarten wurden bei feierlichen Zeremonien und Prozessionen von den Priestern in die Höhe gehalten, um etwas zu zeigen oder in Erinnerung zu rufen. Und offensichtlich wollte auch der Pharao Ramses, selbst nach seinem Tod, an etwas Wichtiges erinnert werden. Man lehrte mit Bildern, nicht mit Worten. Das Bewusstsein der alten Ägypter war noch nicht vom analytischen Verstand dominiert, sondern nach innen gerichtet, auf Träume und seelische Vorgänge, auf die Entfaltung psychologischer Kräfte und Fähigkeiten. Die Weisen und Sucher der Wahrheit drückten ihre inneren Erfahrungen, ihre Selbst-Erkenntnis in Symbolen aus.

Fragender: Was bedeutet eigentlich ‚Symbol'?

M. Das Wort ‚Symbol' kommt von dem griechischen *symballein*. Die Silbe *Syn / Sym* bedeutet ‚zusammen' und *ballein* heißt ‚werfen': zusammenwerfen! Was wird zusammengeworfen? Ein inneres Erlebnis und ein entsprechendes Objekt, das in der äußeren Welt gefunden wird, werden miteinander verbunden. Es entsteht ein *Symbolon*. Jede Form, jede Erscheinung in der äußeren Welt kann für eine entsprechende Seelenkraft, für eine innerlich wahrgenommene Bewegung zum Symbol werden. Und so können wir noch heute hinter den alten ägyptischen Bildern zeitlose psychologische, bzw. ontologische Botschaften über uns selbst entdecken.

F. An äußeren Formen sehen wir ganz unten auf der Standarte zwei Figuren, auf einer höheren Ebene sind viele Blumen, darüber sitzt ein großer Vogel mit einer ausladenden Krone: Ein sehr seltsames Bild –

M. – ja, die zwei Figuren auf der untersten Ebene – wir können sie als den Pharao und Anubis erkennen – führen eine Art Tanz auf in einem nach obenhin begrenztem Raum mit einem Deckel darüber. Es scheint ein ermüdender Tanz zu sein, weil sie mit den Knien fast immer den Boden berühren. Höher können sie nicht gelangen, weil der Plafond so tief hängt.

F. Und was will uns das über uns selbst zeigen?

M. Die zwei Tanzenden können als zwei Wesensaspekte unserer selbst gesehen werden – z. B. das Ich mit seinem Schatten – oder sie können auch eine untere Stufe unseres mentalen Bereichs darstellen; da, wo ein inneres Zwiegespräch, eine Art endloser Dialog läuft: Der eine Teil in uns ist für etwas, der andere ist dagegen, der eine ist begeistert, der andere zweifelt...

F. Diesen inneren Gedankenfluss kenne ich; wenn man in der Meditation Stille herstellen will, nimmt man ihn besonders wahr.

M. Es gibt ein interessantes Detail: Anubis berührt den Plafond mit seinen zwei langen Ohren. Der Pharao berührt diesen mit seiner sich aufrichtenden Schlange. Diese ist ein Symbol für eine Kraft in uns, die höher strebt, die über die enge Kammer hinausgehen will. Diese Schlange hieß im alten Ägypten die ‚Aufsteigende‘ oder ‚diejenige, die über den Zaun springt‘.

F. Die über den Zaun springt?

M: Das ist ebenfalls psychologisch zu verstehen. Die Schlange symbolisiert die Energie in uns, die über das begrenzte Denken hinausgehen will in eine höhere Stufe unseres Seins. Diese höhere Ebene wird hier symbolisch mit vielen Blumen dargestellt. Blumen öffnen sich dem Licht, wir können sie als Symbole für ein intuitives Empfangen von Ideen und Idealen sehen. Wenn der Mensch einen intuitiven Gedanken empfängt, ist das, wie wenn eine Blume Sonnenlicht aufnimmt – oder, wie wenn ein Lichtblitz aus ‚heiterem Himmel‘ herunterkommt. Wer mehr und mehr die Fähigkeit des intuitiven Vernehmens in sich verwirklichen kann, fühlt sich schließlich wie in einem Ozean von Blitzen. Die mentalen Vorgänge auf dieser höheren Stufe sind nicht mehr in einer engen Kapsel eingeschlossen, sondern offen und weit. Es ist jetzt ein ‚blühendes‘, integratives Wahrnehmen, das überall Zusammenhänge und Verbindungen sieht, und das erkennt, dass die Wahrheit viele Aspekte hat, *viele* Blumen –

F. – die alle zusammen einen großen Blumengarten bilden.

M. Ja, einen Blumengarten des Bewusstseins.

F. Über dieser Ebene der Intuition sitzt ein Vogel. Zeigt er auch eine mentale, vielleicht noch höhere Fähigkeit?

M: Kennst du die Redewendung: „Der hat einen Vogel"?

F. Ja. Woher kommt das eigentlich?

M: Wir alle haben ‚einen Vogel‘, nur wissen es die meisten nicht! Diese Redewendung wird heute negativ angewendet, im Sinne: der spinnt! Im alten Ägypten aber wurde damit eine hohe Möglichkeit oder Fähigkeit unseres Seins gezeigt. Wir sehen den Ibis, einen Wasservogel. Er ist derjenige, der bewegungslos in den Wellen – in der Wellenrealität – steht und warten kann, bis ein Fisch vorbeischwimmt, den er dann im richtigen Moment schnappt. Der Ibis-Vogel ist ein Symbol für das ‚Finden‘ – das Finden durch Inspiration, Eingebung, Identifikation.

F. Das erinnert an den Titel des Märchens „Fundevogel" der Brüder Grimm.

M: So kannst du ihn nennen. Im alten Ägypten war der Ibis ein Aspekt von Toth, der in späterer, griechischer Zeit Trismegistos, der ‚Dreimal Große‘, genannt wurde. Ibis und Toth sind Symbole für den inneren Lehrer in jedem von uns, der uns hilft, das, was für uns wesentlich ist, zu *finden*. Leider liegt die Fähigkeit des Findens durch Inspiration bei vielen Menschen noch brach, wird nicht wachgerufen, nicht geübt. Wir sind Sucher, die aufgeregt herumlaufen.

69

Aber das ist die falsche Bewegung, sie verhindert das wahre Finden. Finden heißt zunächst einmal, innerlich still und wachsam zu sein – und das Unerwartete zu erwarten.

Viele bedeutende Entdeckungen, wie z. B. die des Penicillins oder des Benzolrings oder der Quasare, wurden von Findern gemacht. Es waren ‚Erfind-ungen‘, nicht ‚Such-ungen‘!

F. Es erscheint merkwürdig, dass Jesus im Thomasevangelium sagt: „Wer sucht, soll nicht aufhören zu suchen".

M: Damit ist eine andere Art von Suchen gemeint. Jesus will uns auffordern, dass, wenn wir angefangen haben, unsere höheren Fähigkeiten des Seins und Bewusstseins zu üben, wir nicht aufhören sollen, sie weiterhin zu üben. Wenn wir eine Sehnsucht in uns spüren, unsere Wahrheit zu kennen, so sollen wir diese Sehnsucht, diese Aspiration in uns intensivieren und nicht aufhören damit, bis wir ‚gefunden‘ haben. Jesus sagt ja: „Wer sucht, soll nicht aufhören zu suchen, bis dass er findet...". Er meint nicht ein Suchen äußerer Dinge, wie wenn du z. B. deinen verlorenen Schlüssel oder deinen Geldbeutel oder sonst etwas suchst. Und selbst in dieser Situation ist es besser, dich ruhig hinzusetzen und dir zu sagen: „In mir ist jemand, der weiß, wo er ist."

F. Der Vogel trägt eine seltsame Krone.

M: Die alten Ägypter nannten sie *Atef*-Krone; *tef* heißt ‚Vater‘. Der Vater ist ein Symbol für das in uns angelegte Programm, die Intention der Bewusstseins-Evolution, die schöpferische Absicht. Wir sollen höhere Fähigkeiten in uns verwirklichen, die jetzt bei den meisten Menschen im Überbewussten noch wie ‚eingewickelt‘ (involviert) sind, die wir aber im Laufe der Evolution durch unsere Aspiration ‚ent-wickeln‘ und verwirklichen können – wie uns die großen Lehrer der Menschheit, wie z. B. Laotse, Buddha, Jesus, Sri Aurobindo*, mit ihrem Vorbild zeigen. Diese Fähigkeiten beziehen sich nicht auf ein Tun, sondern auf ein Sein. Die verschiedenen Details der Krone sind also auch wieder psychologisch zu verstehen.

F. Was symbolisiert denn das breit ausladende Gehörn?

M: Hörner sind ein altes Symbol für jene Kräfte, die uns die Tore zu den inneren Wahrheiten öffnen können. Sie bilden die Basis der Krone, sind also die Voraussetzung für das, was darüber ist. Wir können sie als die Kräfte unserer Aspiration sehen.

F. Darüber sehen wir drei Kelche – wie aus Papyrusbinsen geformt, und auf jeder Seite zwei sich aufrichtende Schlangen und zwei Straußenfedern.

M: Es sind lauter Sinnbilder für seelische Vervollkommnungen. In der alt-indischen Sanskritsprache werden sie Siddhis genannt. Es sind Fähigkeiten, die sich auf unsere Kreativität beziehen, auf die Schöpferkraft des Bewusstseins. Vielleicht haben wir solch lichtvolle Energien in seltenen Momenten unseres Lebens schon erlebt? Es gab in früheren Zeiten wohl immer schon Menschen, die übermentale Fähigkeiten verwirklichen konnten. Das Wichtige spielt sich über dem Bereich der ‚eingekapselten' Hirnfunktionen ab. Und das wurde im alten Ägypten mit Kronen dargestellt. [2]

F. Wie herrlich, wenn der Mensch solche Kräfte entwickelt und verwirklicht.

M: Sri Aurobindo sagt, dass der wahre Mensch noch gar nicht da ist, dass dieser erst ganz am Anfang seiner Entwicklung steht. Also braucht es Geduld...

F. Über den Hörnern leuchtet eine Sonnenscheibe, und auch über den Kelchen und den Schlangen sind lauter Sonnenscheiben...

M: Da ‚oben' ist eine Menge Licht! All die herrlichen Erscheinungen und alles Licht des Universums können in einem erleuchteten Selbst-Gewahrsein reflektiert werden. Die griechischen Mystiker nannten diesen lichtvollen Zustand ‚Pleroma', die Fülle des Seins.

F. Hat es eine tiefere Bedeutung, dass die Federn und die Schlangen doppelt dargestellt sind?

M: Von Anfang der Welt bis an ihr Ende wird unsere Wirklichkeit immer zweifach, polar, komplementär sein.

F. Korpuskel und Welle?

M: Ja. Die Quantenphysiker haben auf der wissenschaftlichen, mentalen Ebene entdeckt, was die alten Ägypter auf der ontologischen, psychologischen Ebene symbolhaft darzustellen versuchten: dass jedes Ding eine Doppelnatur aufweist, dass Materie und Schwingung, Korpuskel und Welle zwei Aspekte, zwei Pole der gleichen, der *einen* Wirklichkeit sind. Die menschliche Seele hat sich in den beiden Zeitaltern – dem der alten Ägypter und dem der Quantenphysiker – mit je einem anderen Bewusstsein in der Welt gespiegelt, aber beide haben auf ihre Art die *gleiche* Wahrheit zum Ausdruck gebracht, die einen mit Symbolbildern, die anderen mit mathematischen Formeln. Dieselbe strukturelle Wirklichkeit des Seins, welche die Quantenphysiker in der Materie, die Ägypter in der Psychologie entdeckt haben, können wir auch in der Biologie, der Ontologie, in unserem Denken, und noch in vielem anderem erkennen.

F. Dieses Bild ist mehr als 3000 Jahre alt, aber was für einen Reichtum an psychologischer Erkenntnis enthält es bereits! Und welch armselige, rudimentäre Psychologie haben wir dagegen!
Zuerst erschien mir das Bild als ein unverständliches Gebilde. Da muss wohl auch ein Ägyptologe hilflos davorstehen, denn wer, wie ich, die Kräfte und Seins-Zustände höherer Bewusstseinsebenen nicht – oder noch nicht – erfahren hat und niemanden hat, der ihm Hinweise darüber gibt, für den bleiben diese Darstellungen wohl einfach unverständlich.

M: Vielleicht können solche Bilder – wenn wir nach der tieferen Wahrheit unseres Seins fragen – dennoch etwas in uns evozieren und ein im Überbewussten oder Unterbewussten potentiell schon vorhandenes Wissen aktivieren oder in ‚Er-innerung' rufen. Vielleicht war das ein Grund, warum man sie dem Pharao in seinem Grab an die Wand malte?

F. Was mir jetzt auffällt: Wenn man so auf das Bild schaut, nimmt die unterste Ebene auf der Standarte, der Tanz der Zwei – das unaufhörliche Zwiegespräch in uns – auch vom Visuellen her eine sehr untergeordnete Stellung ein.

M: Ja. Das Wichtige ist weiter oben, auf den höheren Bewusstseinsstufen: im intuitiven Wahrnehmen – im Finden – in der Fülle des Seins. [3]

Anmerkungen:

[1] Auf der *Königlichen Elle,* dem Messstab der alten Ägypter, sind diese drei untenstehenden Standartenbilder abgebildet. Erläuterungen dazu finden sich in Medhananda, *Die Königliche Elle, Selbstfindung im alten Ägypten*, S. 152, S. 163, S. 177.

[2] Verschiedene altägyptische Kronen zeigt und erläutert Medhananda in *Der Weg des Horus*, Kapitel „Die Kronen der Psychosynthese", S. 150.

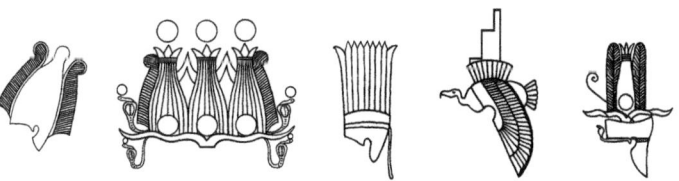

[3] Sri Aurobindo schreibt in *Das Göttliche Leben* (2. Buch, Teil II, Kapitel 28): „... Fülle des Seins zu erreichen, ist das Ziel der Natur in uns; vollständig zu sein, bedeutet, sich seines Seins voll bewusst zu sein: Unbewusstheit, Halbbewusstheit oder mangelhaftes Bewusstsein ist ein Zustand des Seins, der nicht im Besitz seiner selbst ist; es ist Dasein, aber nicht die Fülle des Seins. Sich seiner selbst und der ganzen Wahrheit seines Wesens voll und ganz bewusst zu sein, ist die notwendige Bedingung für den wahren Besitz seines Seins. Dieses Selbst-Gewahrsein ist das, was mit spirituellem Wissen gemeint ist. ...“

Teil II

Die Botschaft des Baumes

Drachenbaum der Olmeken, mesoamerikanische Kultur
von etwa 1500–400 v. Chr. entlang der Küste des Golfs von
Mexiko

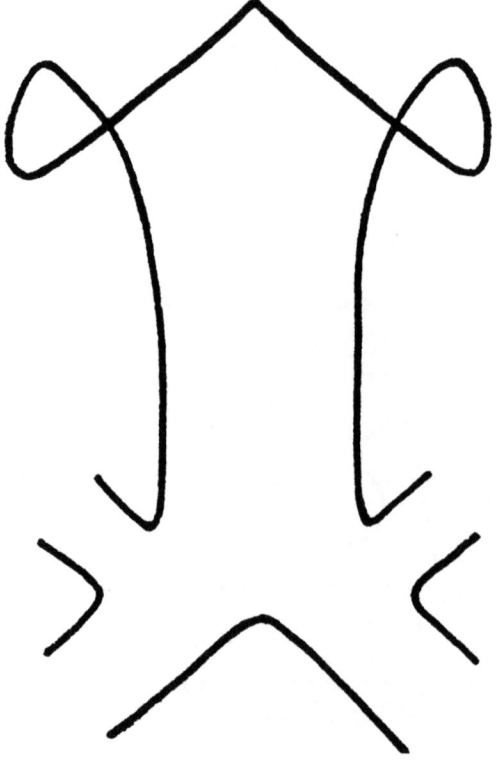

„Der Erstgeborene": Ein Name für den jeweiligen König
(Ideogramm von der Osterinsel)

Der Baum und das spirituelle Schicksal des Menschen

Der Baum zeigt sich dem Menschen als ein überaus vollständiges
und schönes Symbol der Zusammengehörigkeit des Lebens
und als eine Manifestation des Universums.
Für uns Primaten steht er als unser Geburtsplatz und unser Zuhause,
das erste unserer Paradiese, unser Nahrungsplatz, der Mutterarm
und die schützende Zitadelle, die Umgebung, die dem Menschen half
bei seinen ersten Schritten auf dem Weg zum sozialen Wesen
(zoon politicon), das zu sein er bestimmt war.

Der Baum begleitete uns bei unseren Eroberungen:
Unsere ersten Werkzeuge und Waffen waren nicht Steine,
sondern Stöcke – vom Baum genommen.
Unsere erste Kunst stammt von ihm.
Unsere ersten Buchstaben entdeckten wir in seiner Krone.
Sogar unsere inneren Bewegungen der Aspiration,
unsere ersten religiösen Bemühungen und Bestrebungen,
wurden durch den Baum inspiriert.

Hinter dem Bild des Baumes stand seit undenklicher Zeit
die *Schlangen-Energie*, ihre unendliche Kraft
der Selbst-Manifestation, des Wachsens und Wirkens.
So lehrte der Baum den Menschen, sich selbst zu erschaffen,
ein Vorgang, den zu erforschen er bestimmt ist,
wenn er sich wieder identifiziert mit *Baum-Schlange-Adam-Eva*:
seiner Königlichkeit, seiner Ganzheit.

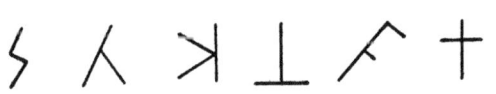

Altindische Brahmi-Schrift, Vorläuferin der mehr als hundert indischen
Schriften, eine Kombination aus Silbenschrift und Buchstabenschrift.

Der Baum des Lebens,
dessen Stamm und Zweige Energieschlangen sind
(nach einer mongolischen Miniatur)

Wir zeigen hier zum Thema Baum
Bilder aus verschiedenen alten Kulturen
und geben in freier poetisch-ontologischer Sichtweise
Interpretationen zu deren symbolischen Botschaften,
die gleichzeitig auch Botschaften
über das sich wandelnde Bewusstsein
des Menschen sind –
von der ursprünglichen Zusammengehörigkeit
bis zur trennenden Vielheit,
vom Paradieszustand bis zur verbotenen Frucht,
und von da bis zur Eroberung der Frucht der Unsterblichkeit.

Vom kosmischen Baum gibt es in den alten Kulturen
verschiedene ,Personifizierungen‘
mit klingenden Namen, wie zum Beispiel:
Yggdrasil – in den nordischen Mythen,
Ashwattha – im vedischen Zeitalter Indiens,
Ficus religiosa, Baum der Erleuchtung – im Buddhismus,
Orakelbaum von Dodona – in Griechenland,
Totempfahlbaum – in Nordamerika,
Ora – in Polynesien.
Sie alle stehen hier als Sinnbilder
für das Vertrauen in sich selbst, in das eigene Sein,
als Symbole auch für Hoffnung, Liebe, Wissen und Seligkeit –
lauter wunderbare Energien, die der Baum in uns hervorruft.
Im hinduistischen Epos *Bhagavad Gita*,
dem ,Lied des Geliebten‘ finden wir die Aussage:
„Von all den Bäumen
bin ich der Ashwattha-Baum,
der seine Wurzeln im Himmel hat
und seine Zweige auf der Erde.“

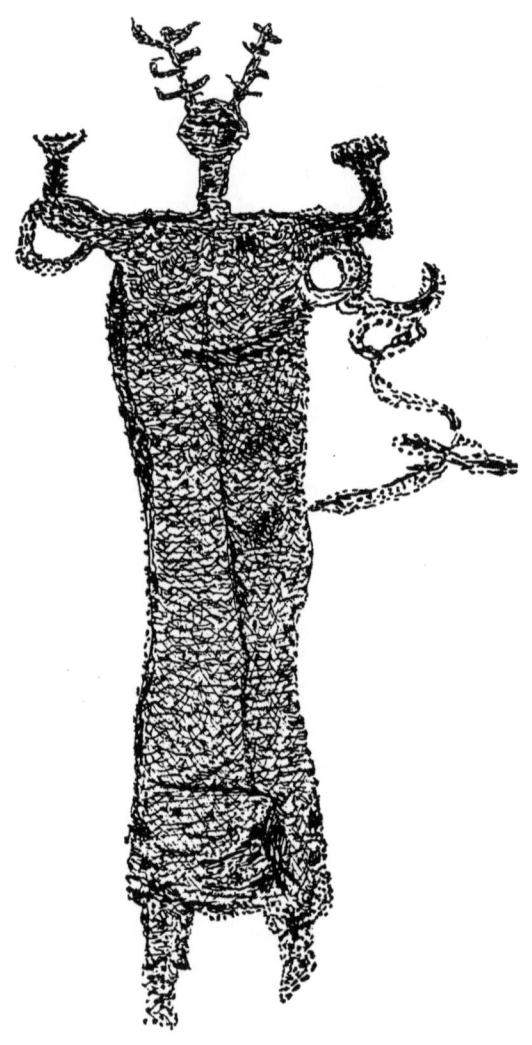

Das große Wesen,
eine vorgeschichtliche Felsgravierung
aus dem Val Camonica, Norditalien.

Eine frühe Darstellung des großen Wesens von Allem,
wurde im Val Camonica in Norditalien gefunden.
Seine in die Höhe gehaltenen Arme
weisen auf eine psychologische Bewegung hin, die uns zeigt,
wie wir mit dem Ursprung in Verbindung bleiben.
Über seinem Kopf wächst der Baum des Lebens,
und die Energie-Schlange tanzt an seinem linken Arm.

Diese Darstellung erinnert an das *Evangelium der Eva*, in welchem
eine innere Begegnung mit dem ‚großen Wesen' geschildert wird.
Sie erinnert auch an das Erlebnis des Moses
mit dem brennenden Busch, dem großen *Ich bin das Ich bin*,
und die Bedeutung solcher Begegnungen für unser Leben.
Im *Evangelium der Eva*, überliefert von Epiphanius, heißt es:

Ich stand auf einem hohen Berg
und sah ein großes Wesen
(unser Selbst, das Schwingungsfeld, aus dem alles kommt)

und ein anderes kleineres Wesen
(wir, das Ich, die vordergründige physische Person).

Dann sprach es (das große Wesen) *zu mir und sagte:*
„Ich bin du
und du bist ich,
und wo immer du bist,
da bin ich,
ausgesät in allem;
und von wo immer du willst,
kannst du mich sammeln.
Indem du mich sammelst,
sammelst du dich selbst."

Siegel in Steatit aus Mohenjo-daro, Sindhi,
der ehemaligen Stadt am Unterlauf des Indus (Indus-Kultur).

Auf diesem Siegel aus Mohenjo-daro [4] (ca. 2400 v. Chr.)
sehen wir eine Darstellung des *Einen* – der Kreis in der Mitte –
und auch der *Zwei-in-Einem,*
die als Einhörner aus dem Einen hervorkommen,
und ebenso der *Vielheit,* die als verschiedene Baumzweige
aus dem *Einen* in ein geordnetes Universum herauswachsen.

Die beiden Einhörner mit ihren spiralförmig gewundenen Körpern
und Hörnern drücken klar die dynamische Kraft des Universums
aus,
das Schwingungsfeld aller Dinge.
Dieses allem zugrunde liegende vibrierende Feld
wurde in alten Kulturen in verschiedensten Symbolen dargestellt,
z. B. als *Energie-Schlange* im alten Ägypten,
als *Energie-Drache* im alten China,
oder als *Energie-Pferd* in der keltischen Zeit.

Der Kreis, so wie auch das Einhorn waren im alten Ägypten
derselben Zeitepoche ein Symbol für RE, für die Sonne,
Symbol für unser Selbst-Gewahrsein, das alles beleuchten
und sich in allem spiegeln kann: Das *Eine,*
das die *Zwei-in-Einem* und die *Vielen* bereits enthält.

Die Vollkommenheit dieser hieratischen Botschaft,
die in einem Quadrat konzentriert ist –
dem Symbol für das Spielfeld der Realität der Welt –
ist einzigartig.

Der keltische Lebensbaum hat seine Wurzeln im Mond.
(Bild auf einer gallischen Münze)

Es sagte Taliesin, der Dichter und Sänger[6]:

„Ich bin ein Regentropfen in den Lüften gewesen,
ich bin der entfernteste Stern gewesen,
ich bin Brennstoff für das Feuer gewesen,
ich bin Baum mit geheimnisvollem Holz gewesen."

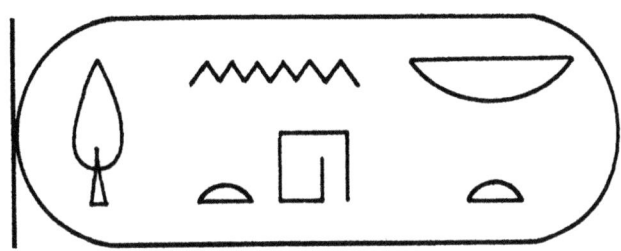

Hieroglyphen für ‚Sykomore' in einer königlichen Kartusche

Die Sykomore –
im alten Ägypten
ein heiliger Baum (Maulbeerfeigenbaum),
an dem süße, essbare Feigen wachsen –
wurde von einer Königin der 26. Dynastie
(vor ca. 2600 Jahren)
als ihr königlicher Name ausgewählt.
Sie liebte diesen Baum wie ihr Selbst.
Sie wurde
Königin S y k o m o r e :

Herrin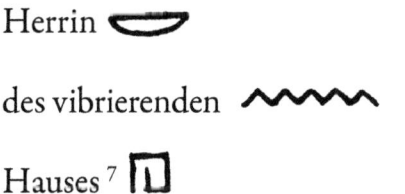

des vibrierenden

Hauses [7]

Dieses alte chinesische, taoistische Symbolbild
fasst besser als Worte zusammen,
was mit dem Baum als Sinnbild für uns selbst
und als Bild auch für das Universum zu sagen ist.

Auf der kosmischen Ebene zeigt es Himmel und Erde in
vollkommenem Gleichgewicht, in harmonischer Gleichwertigkeit.

Auf der individuellen Ebene ruft es unsere Sehnsucht
nach unseren inneren Höhen wach
und lenkt unsere Meditation zu unseren Tiefen.

Sein Zentrum ist die Sonne, Symbol für unser Selbstgewahrsein.
Wir sehen darin eine horizontale und eine vertikale Linie,
welche sich kreuzen und so vier große Bewusstseins-Kräfte
andeuten, die im manifestierten Universum wirken.

Dieses Bild überlebte bis in unsere Zeit als das Ideogramm
für „Osten“.
Aber im alten China wie im alten Ägypten
bedeutet „Osten“ auch „Auferstehung“.

In noch früherer Zeit stellte es das
immer wieder sich erneuernde „Ewige Leben“ dar
und könnte so chinesischen Kindern die Struktur und Dynamik
ihres körperlichen und spirituellen Wachstums eingeprägt haben,
die von dem in sich ruhenden, ewigen Zentrum ihrer selbst ausgeht.

Eine der vielen altägyptischen Darstellungen des Baumes,
der aus der Schlange kommt:
Baum = Materie, Korpuskel,
Schlange = Schwingungsfeld, Energie, Welle.
(nach Lanzone PL. CCLX III/18)

Die Geschichte des Baumes

Der Baum des Universums pflanzte *sich selbst*,
erzeugte sich aus seiner eigenen unendlichen Energie.
Es war nicht jemand anderer, der ihn pflanzte.
Die zahlreichen göttlichen Archetypen,
die leuchtenden Elohim, die strahlenden Seraphim,
die goldenen Cherubim
haben ihn nicht etwa außerhalb ihrer selbst gepflanzt.
sondern sie alle waren Teil seiner umfassenden Baumheit,
und sind es immer noch.
Es war der Baum *ihres* Seins, *ihres* Bewusstseins,
ihrer Seligkeit (in Sanskrit Sat-Chit-Ananda genannt),
ein Platz, wo sie ‚Licht und Schatten‘
mit sich selbst spielen konnten
in der Herrlichkeit ihres Selbst-Gewahrseins –
ein Baum zu ihrer Freude.

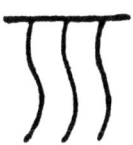

Ein chinesisches Ideogramm:
die dreifache Kraft
in der Manifestation:
Sein-Bewusstsein-Seligkeit
(in Sanskrit Sat-Chit-Ananda)

ägyptische Hieroglyphen:
Der Baum,
der sich aus seinem Schwingungsfeld
selbst pflanzte, sich selbst erzeugte.

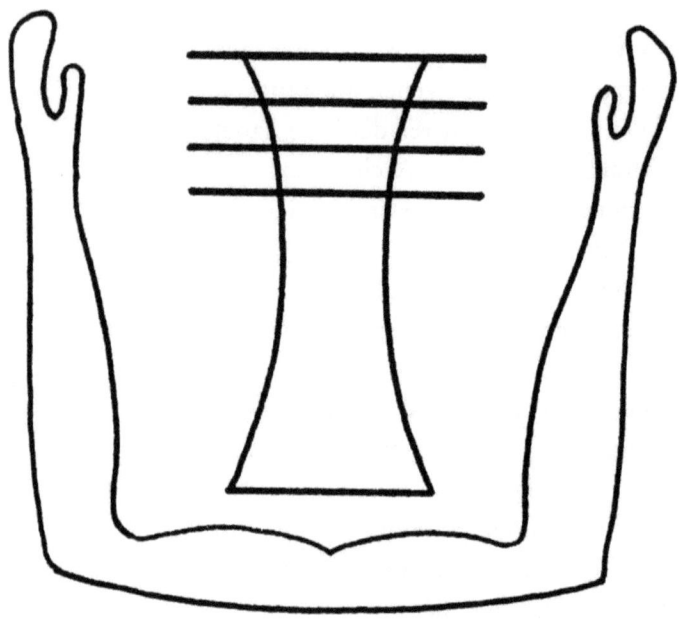

Unsere individuelle Aspiration,
in Ägypten mit zwei hochgehaltenen Armen
dargestellt und Ka genannt,
umarmt die Djed-Säule
mit den verschiedenen Bewusstseinsebenen –
den Baum der Ewigkeit und Unendlichkeit –
den jeder Mensch aus sich selbst,
aus seinen eigenen Seelenenergien heraus,
zu erschaffen hat.
Welch eine Freude, die Stufen hinauf und herunter zu klettern.

(Ägyptische Hieroglyphe nach Lanzone,PL. CCCLXXXX/4)

Die großen Prinzipien der Mütterlichkeit –
Schutz, Zärtlichkeit, Nahrung – waren Baum-Eigenschaften.
Involution und Evolution waren Baum-Entdeckungen.
Heilende Kräfte waren Baum-Fähigkeiten.
Ewige Erneuerungen waren Baum-Weisen des Seins.
Der Atem des Lebens selbst kam vom Baum:
Der Baum atmete aus, was seine Kinder einatmeten.
Seine tausend Zweige bildeten eine ungeteilte Einheit,
in welcher Selbst-Gewahrsein bedeutete,
sich selbst und alles, was existiert,
als Teil einer großen Ganzheit zu fühlen.
Es gab nichts anderes zu wissen.
Immerzu Teil der Zweige und immergrünen Blätter
und köstlichen Früchte zu sein – im Sommer und im Winter –,
das war Unsterblichkeit.
Eine Frucht dieses Baumes zu sein, bedeutete,
auch alle anderen zu sein, sie zu riechen, sie zu schmecken.
Die Früchte waren Entzücken:
Ein andauerndes Spiel voller Energie und Leben.

Wahrheit, Führung und Baum
(ägyptische Hieroglyphen)

Erfreut sein über
(chinesisches Ideogramm)

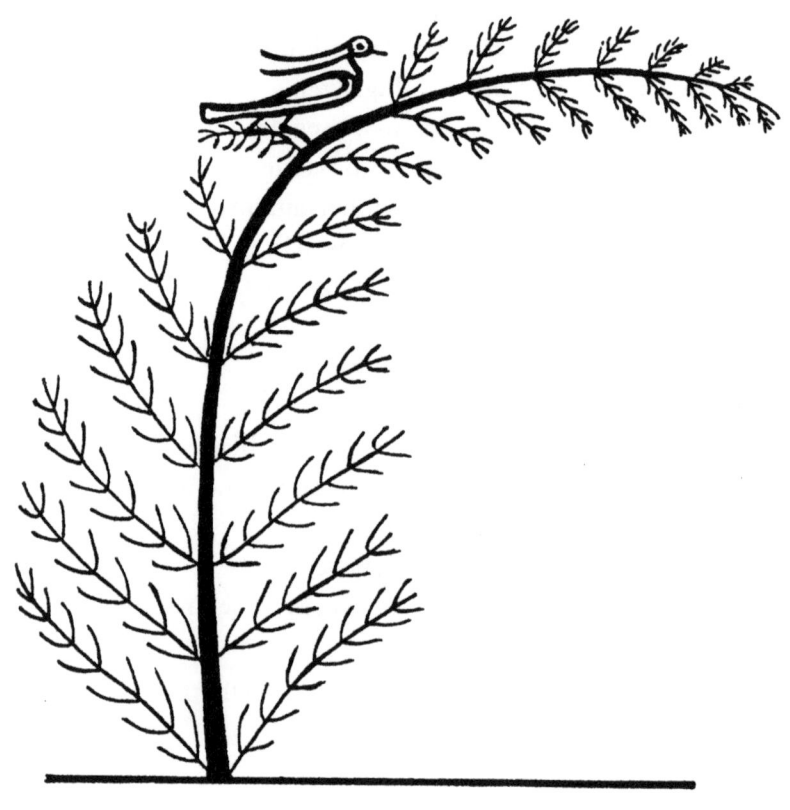

Der Phönix kommt zurück,
um sich im Baum seiner Herkunft, seines Ursprungs
zu erneuern,
und der Baum beugt sich nieder,
um ihm eine Brücke in das nächste Leben zu sein.
(ägyptisches Bild nach Lanzone PL. LXX/I)

Es gab nur etwas, das dem Baum nicht angetan werden durfte:
seine Baumheit zu verletzen –
seine wesenhafte Zusammengehörigkeit,
seine fundamentale Einheit und Ganzheit des Seins.
Seine Früchte, die wir selbst einen glücklichen Moment lang zuvor
gewesen waren, sie durften nicht vom Baum gesondert werden,
denn vom Baum getrennt, würden sie giftig werden:
zu Früchten von Teilung, Sonderung, Tod.
Sie würden uns des Einsseins mit dem Baum
und seiner Energie-Schlange berauben.
Diejenigen, welche die Früchte
mit einer falschen Identifikations-Bewegung aßen –
z. B. ‚mein Werk ist *meine* Frucht und *nicht* die *deine*‘ –,
verloren ihre Vollständigkeit, verloren die Verbindung mit
ihrer Glückshaut, ihrem Kausalkörper*, ihrer Hülle der Freude,
ihrer endlos sich erneuernden Energie und Seligkeit.
In dieser Weise von ihrer Glückshaut getrennt,
sahen sie, dass sie nackt waren.
Es fehlte ihnen die Freude, die Vollständigkeit, die Fülle des Seins.
Sie versuchten, die verlorene Hülle der Seligkeit, Wahrheit
und Ganzheit durch Blätter vom Feigenbaum zu ersetzen,
vertieften dadurch aber nur den Prozess der Trennung.

---

trennen
(ägyptische Hieroglyphen)

nackt
(chinesisches Ideogramm)

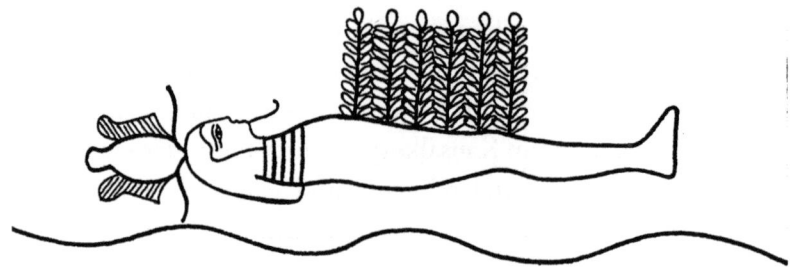

Der Osiris-Mensch –
auf der Wellen-Wirklichkeit seines Selbst-Gewahrseins schlafend –
träumt, dass das Universum aus seinem Körper wächst.

(ägyptisches Bild nach Lanzone PL CCC111/2)

94

Der Baum der Einheit des Seins inmitten des Gartens
wurde nun zu vielen Bäumen.
Nur bei Nacht, wenn der Mensch träumte,
konnte er die Bäume zusammen singen hören
und ihren gemeinsamen Atem der Einheit spüren.
Was die Bäume ausatmeten, atmete er ein;
und all dieses gemeinsame Atmen
war dann wieder eine einzige Schwingungswelle,
eine einzige Energie-Schlange im ewigen Kreislauf
der *einen* lebenden Seele:
das allumfassende ICH BIN
der Zusammengehörigkeit des Universums.

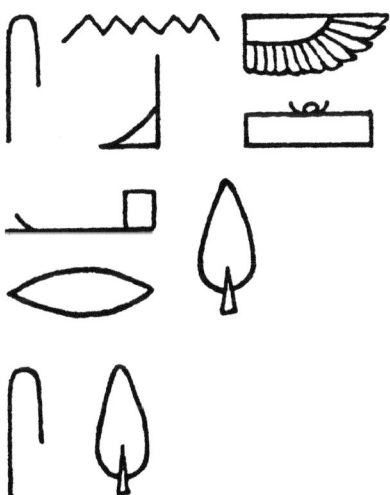

Traum
heilender Schlaf

der vibrierende,
sprechende Baum

heilwerden, indem
man wieder Baum wird
(ägyptische Hieroglyphen)

Das Horus-Auge –
die Vision der Vollkommenheit des Goldenen Zeitalters –
wird dem sich sehnenden Menschen vom mütterlichen Himmel
herabgereicht.
(ägyptisches Bild nach Lanzone, PL. CCXXXXVI/4)

Es gab stets einzelne Menschen, die auch im wachen Zustand
noch fühlen konnten, dass die lebendige Energie, die den Baum
von seinen Wurzeln bis zu seinen Zweigen durchströmte,
das Leben selbst war, das Leben, das auch jeder von ihnen
in der großen Gemeinsamkeit mit allen Dingen war.
Diese Einzelnen konnten wahrnehmen, dass die Energie der Sonne,
die auch in ihnen pulsierte, die Quintessenz der Reichtümer bedeutet – sowohl die der großen Muttersterne als auch jene der Erde
mit ihren Vulkanen, Gletschern, Flüssen und Bächen –,
und dass all diese Sonnenkraft-Reichtümer
durch den gewaltigen Prozess der Fotosynthese
in jeder einzelnen Frucht vereint sind.
Ein einziger Bissen davon enthält all die magischen Kräfte
aller kosmischen Energien von Sein-Bewusstsein-Seligkeit.
Diese Menschen aßen die für sie bestimmte Frucht in wahrer Identifikation mit der universellen Zusammengehörigkeit von Allem.
Dadurch wurden die Äpfel *nicht* giftig, sondern konnten als *goldene
Äpfel* der Erleuchtung und Unsterblichkeit genossen werden,
wie es uns z. B. im Herakles-Mythos
oder im Märchen ‚Die weiße Schlange‘ erzählt wird.

zusammen mit, in

vollständig, ganz
(ägyptische Hieroglyphen)

vollständig
(chinesisches Ideogramm)

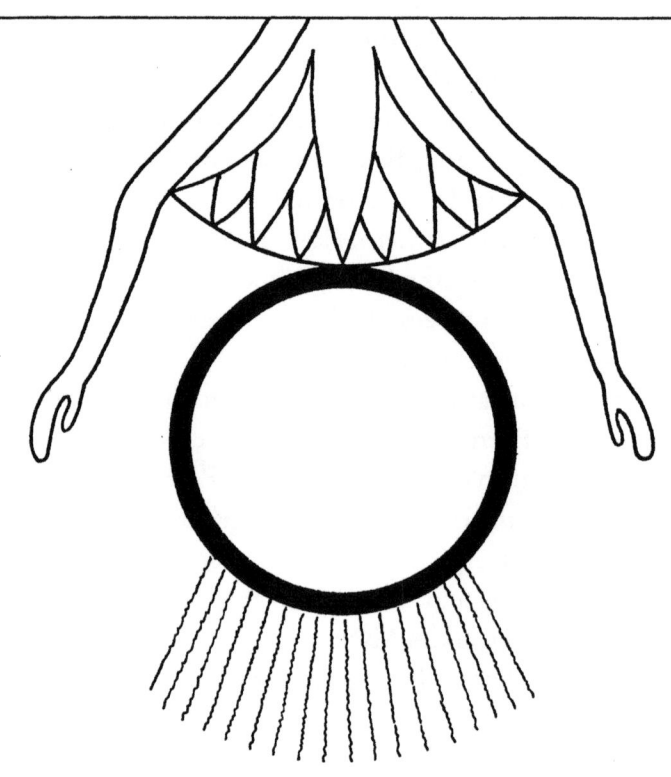

Der himmlische Lotos der Wiedergeburt
bringt für alle Kinder
eine neue, immer wiederkehrende Geburt herunter.
(ägyptisches Bild nach Lanzone PL. CCXXX/4)

Der so erleuchtete Mensch
saß unter dem Baum,
welcher in seiner Schwingungsnatur
auch die siebenköpfige Schlange war,
und er erkannte, dass beides,
Baum und Schlange
(Baum-*Korpuskel* und Schlangen-*Welle*)
er selbst war,
seine Ganzheit, die seit Anbeginn der Welt
darauf wartete, wieder von ihm erkannt zu werden.

Dann lächelten Baum-Schlange-Mensch
in inniger Verbundenheit und Identifikation
mit ihrer Wahrheit und Schönheit,
und ihr Lächeln spiegelte sich
in all dem Lächeln der Kinder
des Baumes und der Schlangen-Energie.

„Erleuchtung"
(chinesisches Ideogramm)

„Lächeln"
(ägyptische Hieroglyphen)

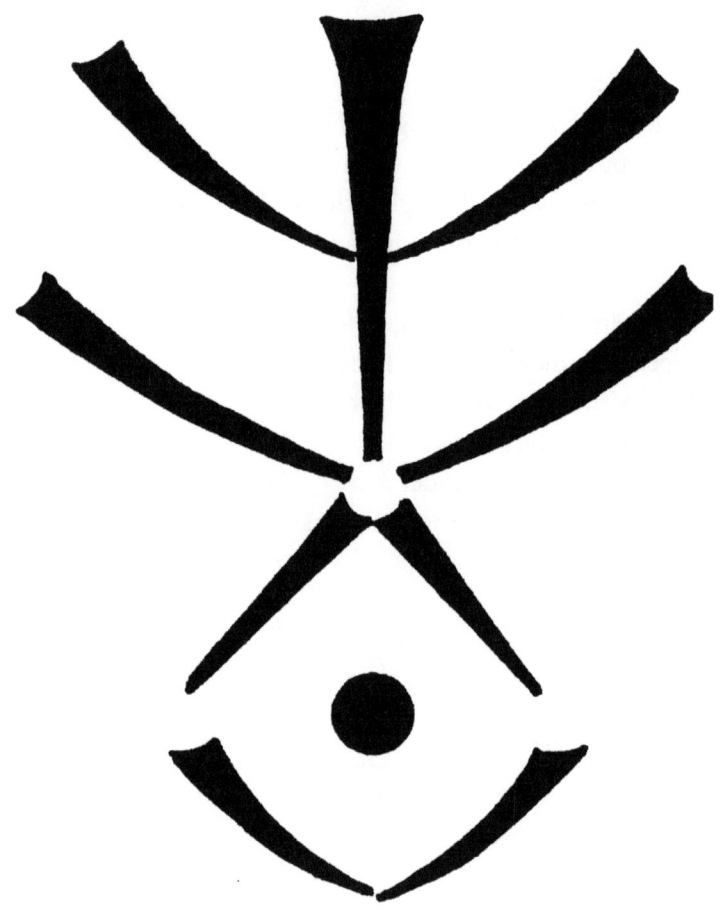

Archaischer keilförmiger Baum des Volks der Elamer,
3000–600 v. Chr, östlich des Tigris (im heutigen Persien)

Wie weit entfernt ist das nächste Goldene Zeitalter?

Trotz der Erleuchtung Einzelner
nahm das Zeitalter der Trennung und Zweiheit seinen Lauf
und setzte dem Zeitalter der Einheit des Seins,
dem psychologisch *Goldenen Zeitalter,* ein Ende.
Populäre Religionen traten in Erscheinung
und verstrickten sich in Kriege
zwischen dem, was sie Gut und Böse nannten.
Diese zwei antagonistischen Kräfte zerstörten das Symbol
von dem *einen* Baum, dem Baum der Seligkeit.
Plötzlich waren zwei verschiedene Bäume da:
Der Baum des Lebens und der Baum des Wissens von Gut und
Böse.
Letzterer, so wurde angenommen, trug Früchte,
deren eine Hälfte essbar und wohlschmeckend,
die andere Hälfte aber giftig und tödlich war.

Gestützt auf die „Entweder-oder"-Logik des Aristoteles
wurde das Universum nun durch ein trennendes Denken
als in Himmel und Erde, in Geist und Materie geteilt dargestellt.

In unserer Geschichte des Baumes
überspringen wir das Zeitalter abgrundtiefer Dualität,
das von ca. 600 v. Chr. bis ins 20. Jh. dauerte.

Es ist inzwischen überbrückt worden,
denn im 20. Jahrhundert ereignete sich Bedeutendes:
Das rationale Entweder-oder-Denken begann zu ‚mutieren'.
Es kam zu einem Bewusstseins-Sprung,
mit der Folge, dass in vielen menschlichen Disziplinen
die Wirklichkeit in einer neuen Weise wahrgenommen wurde.

Hier drei Beispiele:

1 Die Mengenlehre der neuen Mathematik
enthüllte Beziehungen
von Intersektionen, Vereinigungen
und Komplementaritäten
zwischen allen existierenden Dingen
(die sich auch mit Sets und Diagrammen darstellen lassen
und psychologische und ontologische Wirklichkeiten
miteinbeziehen).

2 Mit der „Kopenhagener Interpretation der Quantenmechanik"
im Jahr 1927 einigten sich die Physiker auf ein neues Konzept
der Wirklichkeit des Universums:
eines der Komplementarität und Einheit
zwischen dem Aspekt der Teilchen (Partikel, Korpuskel)
und dem Aspekt der Schwingung (Welle, Vibration).
Der Baum und seine Schlange –
Materie und Geist,
Korpuskel und Welle –
wurden nicht mehr als Verschiedenheiten aufgefasst.
Das Korpuskel und sein Schwingungsfeld
waren nicht Gegensätze,
sie wurden als zweierlei Manifestationsweisen
des Einen, des Ganzen erkannt.
Ein neues Zeitalter der *Zwei-in-Einem,*
ja der *Vielen-in-Einem* hatte in der Wissenschaft begonnen.

3 In Indien erforschte Sri Aurobindo* neue
psychologische Dimensionen von Selbst-Gewahrsein,
die er ‚supramental' nannte –

102

,über unser mental-rationales Denken hinausgehend'.
Im supramentalen Bewusstsein wird
eine intensivere Wahrnehmung und Transparenz
all der vielen Aspekte unserer selbst,
all der Wesenskräfte,
all der uns konstituierenden
Bewusstseinsebenen* möglich –
und ihr Zusammenwirken realisierbar.
Nicht mehr das abgesonderte vitale oder mentale Ich,
sondern eine höhere (oder tiefere) integrierende Instanz in uns
führt uns nun
und lässt uns durch direktes Identitäts-Wissen
das Verbunden-Sein von allem mit allem erkennen.

Diese ,Mutationen' sowohl im Bereich der Kenntnis der Welt

als auch im Bereich der Selbst-Erkenntnis wahrzunehmen,

sie zu verstehen und auf unser Leben anzuwenden,

das ist nun die Herausforderung unserer Zeit.

So wie es irdische Eiszeiten gab, auf welche paradiesische
Frühlingszeiten folgten,
gibt es, gemäß dem alten Hindu-Wissen
Eiserne Zeitalter, auf welche neue *Goldene Zeitalter* folgen.
Das von ihnen angekündigte neue Zeitalter
nannten sie *Satya Yuga*,
das Zeitalter der Wahrheit, des Wissens, des Einsseins.

Aus dem Tempel des Iunit
nach einer Zeichnung von V. Denon in *Planches du Voyage*

Der *eine* Baum der großen Anfänge
nimmt langsam wieder Gestalt an
und lehrt den Menschen,
seine eigenen Höhen, Tiefen und Weiten zu erobern,
und sich selbst zu einer Säule der Ewigkeit zu bauen,
zu einer Leiter, einem Turm, einer Brücke,
indem er über sein begrenztes dualistisches Bewusstsein
hinauswächst und sich selbst transzendiert,
mit Hilfe einer neuen Entfaltung
seines unendlichen Energie-Schlangen-Kraftfeldes,
das ihn zu noch nie dagewesenen Liebesgeschichten
mit sich selbst und der Welt führen wird:
Baum-Schlange-Adam-Eva
erneut in einer einzigen, alles umfassenden Zusammengehörigkeit.

Wie weit ist dieses neue *Goldene Zeitalter* noch entfernt?

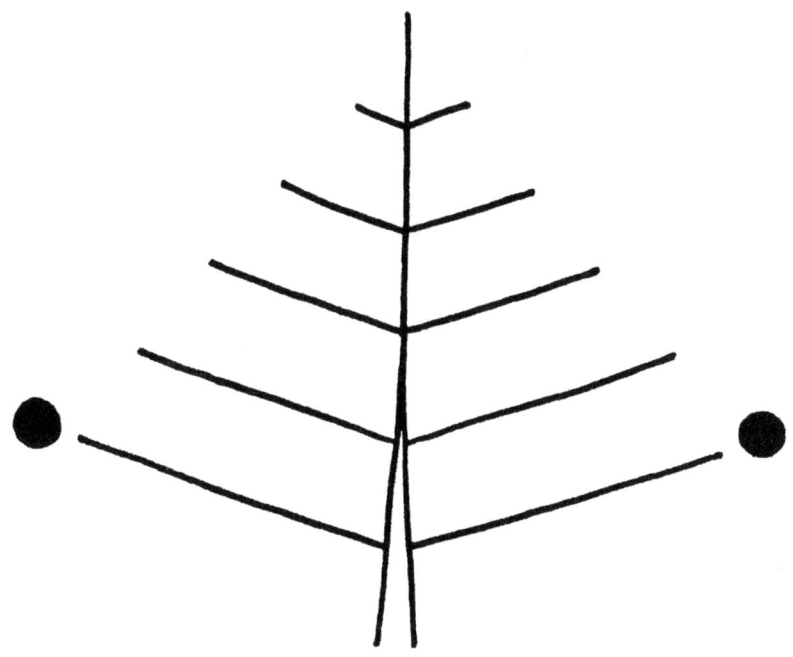

Keltisches Symbol des Tannenbaums

Alle Jahre an Weihnachten wird der Baum des Lebens
für die heiligen (heilen) Nächte
mit Lichtern, Äpfeln, Nüssen, bunten Kugeln
und goldenen Sternen geschmückt
und steht wieder im Zentrum,
mitten im ‚Garten‘ unseres Seins.

Literaturhinweise

Sri Aurobindo: *The Supramental Manifestation upon Earth* (Sri Aurobindo Birth Centenary Library, Sri Aurobindo Ashram, Pondicherry, India, 1972).

Barthel, T.: *Grundlagen zur Entzifferung der Osterinselinschrift* (Abhandlungen aus dem Gebiet der Auslandskunde, Bd. 64, Reihe B, Bd. 36, Hamburg, 1958).

Biedermann, H.: *Bildsymbole der Vorzeit* (Verlag für Sammler, Graz, 1977).

Budge, E.A.W.: *The Book of the Kings of Egypt* (Kegan Paul, Trench, Trübner & CO., London, 1908).

— *An Egyptian Hieroglyphic Dictionary* (Dover Publications, New York, 1978).

Creel-Chang-Rudolph: *Literary Chinese* (The University of Chicago Press, Chicago, 1938).

Denon Vivant: *Planches du Voyage dans la basse et la haute Égypte, Planche* 114

Faulkner, R.O.: *A Concise Dictionary of Middle Egyptian* (Griffith Institute, Oxford, 1976).

Gardiner, A.: *Egyptian Grammar* (Griffith Institute, Oxford, 1978).

Haenchen, E. und Krause, M.: *Die Gnosis, Erster Band* (Artemis Verlag, Zürich, 1969).

Hennecke/Schneemelcher, *Neutestamentliche Apokryphen (Evangelium der Eva)*

Huxley, F.: *The Dragon* (Thames and Hudson, London, 1979).

Kallir, A.: *Sign and Design* (James Clarke and Co., London, 1961).

Kramrisch, S.: *The Art of India Through the Ages* (Phaidon Press, London, 1954).

Lannoy, R.: *The Speaking Tree* (Oxford University Press, 1971).

Lanzone, R.V.: *Dizionario di Mitologia Egizia* (Ristampa anastatica dell'edizione originale Torino, 1884-1885, Amsterdam, John Benjamins B.V., 1974).

Lavier, J.: *Les Secrets du Yi King* (Editions Sand, 1984).

Lengyel, L.: *Das geheime Wissen der Kelten* (Herman Bauer Verlag, Freiburg, 1976).

Baum-Sein – eine innere Erfahrung

Eines Tages auf unserem Anwesen auf Moorea (Polynesien) saß ich im Wald an einem kleinen Bach und lehnte mich an einen Baum. Ich wusste nicht, um was für einen Baum es sich handelte. Ich war fasziniert von den großen Aalen im Wasser – ,heilige' Aale. Dann spürte ich eine Präsenz hinter mir. Zuerst bemerkte ich den rauen Stamm, an den ich mich lehnte; dann begann der Baum unhörbar zu vibrieren, auf eine ganz besondere Art und Weise, ein wenig wie das Schnurren einer Katze: es war ein langsames Vibrieren der Zufriedenheit. Das entsprach einem sehr tiefen Ton in mir. Allmählich ließ ich mich von dieser Zufriedenheit überwältigen, und eine Tür öffnete sich. Bald wurde der ganze Körper von einer Wonne und Glückseligkeit ergriffen, und ich stellte fest, dass ich ein Baum geworden war: Ich war ein Baum. Ich verlor das Bewusstsein für meinen menschlichen Körper. Ich blieb eine lange Zeit ein Baum. Ich erlebte das rhythmische Pulsieren des aufwärts gepumpten Saftes, das funkelnde Spiel des Sonnenlichts im Blattwerk, die lebendige, intime Gegenwart von allem, was in ihm lebt, und all den kleinen Pflanzen ringsum. Es war ein wahres Paradies für diesen Baum, der mit seinen Wurzeln im kühlen Wasser des Baches badete. Seine Krone war sehr groß und höher als die anderen Baumkronen. Es ist sehr angenehm, beruhigend und bereichernd, ein Baum zu sein.

Teil III

Baum, Schlange, Adam und Eva im biblischen Schöpfungsbericht

Vom Bewusstsein der Zusammengehörigkeit
zu einem Bewusstsein voller Trennungsbewegungen
Aus Gesprächen mit Medhananda

Fragender: In Ihrem Beitrag ‚Die Geschichte des Baumes‘ wird ein alt-ägyptisches Bild aus dem Tempel von Iunit gezeigt, wo Baum, Schlange, ‚Adam‘ und ‚Eva‘ alle vereint dargestellt werden [S. 104]. In der bibli-schen Genesis, die aus einer viel späteren Zeit stammt, kommen wieder Schlange, Baum, Adam und Eva vor, aber alle getrennt voneinander, mit psychologisch ganz anderem Inhalt. Wie ist es dazu gekommen?

Medhananda: Um die Zeit, als der hebräische Schöpfungsbericht* aufgeschrieben wurde, so um 500 v. Chr., geschah allgemein im

Bewusstsein des Menschen eine Veränderung: Er fing an, analytisch zu denken und die Dinge zu trennen. Diese mentalen Trennungsbewegungen wurden dann auch auf Gott projiziert. Und so heißt es gleich im ersten Satz der Genesis: *„Am Anfang trennte Gott den Himmel von der Erde".*

F. Es heißt doch: „ Am Anfang schuf Gott den Himmel und die Erde".*

M. Nein, das hebräische Verb in diesem Satz lautet *bará*, und das heißt *trennen. Bará*, kommt in der jüdischen Tora neunzehn Mal vor, jedes Mal in der Bedeutung von trennen. Erst in späterer Zeit wurde es dann auch für *schaffen* verwendet.

F. Sie meinen, in solchen Aussagen lässt sich die damalige Veränderung im Bewusstsein des Menschen erkennen? Es heißt ja im Text auch öfter: Da schied Gott dieses von jenem.

M. Ja.

Der Anfang

M. Der hebräische Titel *Bereschith* heißt auch nicht *Genesis*, wie es in der Bibel übersetzt ist, sondern der *Anfang*. Welcher Anfang ist damit gemeint? Der Anfang des *analytisch-mentalen Bewusstseins**, als der Mensch alles zu trennen, zu unterscheiden und einzuteilen begann und das Entweder-oder-Denken entwickelte. Das bedeutete gleichzeitig das Ende des psychologisch Goldenen Zeitalters, in welchem der Mensch noch im Einklang mit seiner inneren und äußeren Natur lebte – ähnlich wie das kleine Kind, das noch eins mit seiner Mutter ist, das dann aber mit ca. 7 Jahren ein mentales Bewusstsein entwickelt, und sich mit ca. 14 Jahren von der Familie innerlich löst. Obwohl durch das analytische Denken eine neue Art von Wissen erobert werden konnte, fühlte der damalige Mensch wohl auch, dass ihm dadurch zugleich etwas verloren ging, was dann symbolisch als Vertrieben-werden aus dem Paradies geschildert wurde. Eigentlich hat er sich durch seine mentalen Trennbewegungen selbst aus dem Bewusstseinszustand des Einsseins, bzw. dem Bewusstseinszustand der polaren Ergänzung vertrieben.

F. Der Verfasser der Genesis erzählt zwar von den Anfängen der Welt, aber an der Art seiner Erzählung kann man – wie Sie meinen – die Anfänge des analytischen, trennenden Denkens erkennen?

M. Ja. Lange Zeit manifestierte sich das mentale Bewusstsein noch in völliger Harmonie mit der Entwicklung der Natur. Ein rudimentäres Mental ist ja schon in gewissen Tierarten vorhanden. Erst viel später begann sich ein analytisches, trennendes Mental im Menschen zu entwickeln, und in der Folge ergaben sich Komplikationen und Schwierigkeiten. Das männliche Prinzip verdrängte die anderen Archetypen, wie z. B. die Frau und das Kind. Es wurden Gebote und Verbote aufgestellt, und diese wurden auch auf Gott projiziert.

F. Gott gibt nun genauso Verbote und trennt die Dinge, so wie es der Mensch macht?

M. Ja. Wahre Schöpfung zeichnet sich aber dadurch aus, dass ursprünglich alles *Eines* ist, ein noch ungeteilt Gemeinsames, eine Zusammengehörigkeit, in der alles aufeinander bezogen ist und zusammenhängt.

F. Das Eine war also vor den Teilen, den Vielen da.

M. Das Eine *ist* die Vielen. Der Verfasser der Genesis präsentiert uns aber einen Gott, der nicht mehr das Eine in diesem Sinne darstellt, sondern der sich von der Menschheit bereits getrennt, gesondert hat. Er kann also nicht den Anspruch erheben, das Gesamte zu sein, er ist höchstens *eine* Kraft in einer Vielheit von Kräften. Im zweiten Buch Moses, dem Exodus, steht ja auch: *„Du sollst keine anderen Götter neben mir haben"* [Ex. 20,3].

111

F. Für die Vorstellung eines von den Menschen getrennten Gottes hat der griechische Philosoph Platon den Begriff Demiurg eingeführt, womit er nicht die höchste Instanz einer Gottheit meinte, sondern ein ihr untergeordnetes Prinzip eines Erschaffers, eines Schöpfers.

M. Im Symbol des Töpfers wurde dieses Prinzip ja immer wieder dargestellt.

F. Einer also, der aus der ursprünglichen Einheit des Seins die Vielheit, die vielen Formen macht, die aber von ihm getrennt gedacht sind?

M. Ja. Das war bei dem hundert Jahre vor Platon lebenden Parmenides noch nicht so. Für ihn war das *Sein* „unteilbar", „unörtlich", „unzeitlich" und „unvergänglich". Dieses Sein zu erkennen, war für ihn die einzig wahre Erkenntnis.

Veränderungen im Bewusstsein des Menschen

F. Könnte man die damaligen Veränderungen im Bewusstsein* der Menschheit auch vergleichen mit dem, was die alten Inder mit dem Wechsel der Yugas* – der Zeitalter – meinten? Gemäß indischem Wissen folgt ja auf ein psychologisch Goldenes Zeitalter ein silbernes, dann ein bronzenes und schließlich ein eisernes Zeitalter. Im sogenannten Satya-Yuga, dem Goldenen Zeitalter hätten die Menschen noch in einem paradiesischen Zustand gelebt; im Kali-Yuga, zu dem auch die heutige Zeit noch dazugehört, leben die Menschen in Streit und Kampf.

M. Weil sie mit sich selbst zerstritten sind. Jedes dieser Yugas spiegelt das Bewusstsein der in jenem Zeitalter lebenden Menschen: Im *Goldenen Zeitalter* lebte der Mensch gemäß seinem inneren Wesensgesetz, seinem Sva-Dharma* – in Harmonie mit sich selbst und seiner Umwelt. Er war mit seinen Träumen noch viel mehr verbunden, als wir es heute sind, wurde von innen geführt. Er brauchte keine Gebote, keine Gesetze, keine Regierung, keine Religion, keine Tempel. Das kam alles erst auf, als er sich von seinem inneren Wesens-Gesetz zu trennen begann. Da konnte er das ‚Wort Gottes' nicht mehr direkt in sich vernehmen, da wurden Symbolbilder und später Wörter benötigt, die es ihm zu vermitteln versuchten.

F. Die alten Inder sahen die Zeitalter zyklisch aufeinanderfolgend. So wird gemäß diesem Wissen das Kali-Yuga, in dem wir uns jetzt befinden, wieder von einem Satya-Yuga, einem Zeitalter der Wahrheit abgelöst werden.

M. Dieses wird aber nicht genau das Gleiche sein.

Ende des Goldene Zeitalters

F. Wann hat denn eigentlich das Goldene Zeitalter im alten Ägypten aufgehört?

M. Die ganze ägyptische Geschichte kann als ein langsames Aufhören gesehen werden. Geschichte fängt ja so langsam mit der ersten Dynastie an. Man weiß aber um vordynastische Zeiten, die bereits um ca. 6000 Jahre v. Chr. begonnen haben, vielleicht noch früher.

F. Hat denn das Erobert-werden durch die Fremdvölker in Ägypten den Prozess des Abstiegs beschleunigt, z. B. als die Äthiopier, Perser, Griechen in Ägypten geherrscht haben?

M. Das kann als der Zusammenbruch der letzten Reste des Goldenen Zeitalters gesehen werden. Die alten Ägypter hatten ja ursprünglich nicht einmal eine Armee. Als die Hyksos in Ägypten einfielen, gab es dort keine ägyptischen Soldaten: Ägypten wurde nicht erobert, sondern die Hyksos marschierten einfach ein. Erst viel später hatten die Ägypter griechische Söldner.

F. War aber der Haremhab nicht ein General, bevor er Pharao wurde?

M. Ja. Haremhab lebte im sogenannten Mittleren Reich [2137-1781 v. Chr.], das gehört längst nicht mehr zum Goldenen Zeitalter. Das Volk war abgesunken in Religiosität und Aberglauben; gewisse führende Schichten hatten aber das Wissen noch.

F. Sie meinen jenes innere Wissen, das auch die Weisen Indiens, die Rishis der vedischen Zeit hatten?

M. Ja. Die Rishis in Indien und die Weisen des alten Ägyptens waren Seher. Sie waren Monisten und nicht, wie oft angenommen wird, primitive Polytheisten, welche Naturgötter anbeteten. Beide, die Rishis und die Weisen Ägyptens haben zwar zahlreiche sogenannte Götter angerufen, aber diese waren für sie sowohl kosmische Prinzipien als auch innen erfahrene, seelische Kräfte. Da existierte nicht etwas Getrenntes. Innen und außen spiegelten sich, waren Entsprechungen.

Echnaton und Moses

F. Nun gibt es ja einen Pharao des neuen Reiches, Amenhotep IV, der sich zu seiner Regierungszeit Echnaton, bzw. Achenaton umbenannte, eine neue Hauptstadt Achet-Aton gründete, und der nur noch ein Prinzip, einen Gott, Aton, die Sonne, gelten lassen wollte. War das ein erster Schritt zum Monotheismus?

M. Ja, aber zu dieser Zeit gab es noch eine Priesterschaft, die das als einen Fehlgriff empfand, als eine Verarmung. In einer späteren Zeit wurde es als ‚Fortschritt‘ aufgefasst: nur noch *einen* Gott! Moses hat diese Auffassung dann durchgesetzt.

F. Moses ist ja ein ägyptischer Name, und es ist anzunehmen, dass er eine ägyptische Erziehung bekam: Da staunt man eigentlich, dass er nur noch einen Gott wollte. Aber vielleicht lag diese Idee seit Echnaton in der Luft.

M. Wie der Mensch Gott sieht, lässt immer auf sein Bewusstsein schließen: Der Ein-Gott Glaube kam, als allgemein in den Menschen gewisser Völker wie den Hebräern mit dem analytischen Denken auch das Ich-Bewusstsein erwachte. Da stellte man sich Gott ebenso als nur *eine* Wesenheit vor. In dieser Umbruchsphase kamen mit Moses dann auch die religiösen Gebote und Gesetze.

F. Es gibt Datierungsversuche, die Moses um 1250 v. Chr. ansetzen und ihn damit gar nicht so weit von Echnaton entfernt datieren. Aber die Zuordnung irgendeines ägyptischen Pharaos zum Auszug von Moses mit dem dort in Fremdherrschaft gehaltenen Volk der Israeliten, das weiß man nicht so recht einzuteilen. Es gibt Vermutungen, dass es Ramses II. gewesen sein könnte, der den Moses mit seinen Anhängern ziehen ließ, aber danach auch wieder verfolgte. Die Angaben in den Büchern Mose sind leider zu ungenau – schlechte Erinnerungen, dies, obwohl der Aus-zug aus Ägypten für die Juden – religiös gesehen – das Ereignis war, was im Paschafest immer wieder erinnert wird. Die während mehreren hundert Jahren nur mündlich weitergegebenen Geschichten wurden wohl im Laufe der Zeit immer wieder verändert, ausgeschmückt und mit altem Traditionsgut vermischt.

M. Ja, das ist anzunehmen. Die Anhänger von Moses, die dieser vielleicht mit Versprechungen aus Ägypten geführt hat, begannen ja schon bald unzufrieden zu werden. Moses' Bruder Aaron, dama-liger Hohepriester, gab dem Druck nach und ließ ein goldenes Kalb anfertigen, um das sie singen und tanzen konnten. Daraus lässt sich schließen, dass die Verbindung mit altem ägyptischem Traditions-gut sehr stark war, stärker, als das, was den Moses umgetrieben hat, und warum er mit seinen Anhängern ausgezogen ist. Es heißt ja auch, dass sich das Volk bald nach den Fleischtöpfen Ägyptens sehnte. So hart kann das Joch dort für das israelische Volk also nicht gewesen sein.

F. Die Wüste war dann die sogenannte ‚Freiheit‘, und später wurde es immer ‚freier‘, sie durften nicht einmal mehr am Sabbat tanzen! Alles wurde ernst und streng durch mehr und mehr aufgestellte Gebote und Gesetze, die mit Moses kamen. Wenn man schon nur ritualistische Dinge falsch machte, war das ein Vergehen.

M. Der ‚Himmel‘ entfernte sich immer mehr: Gott war da oben, der Mensch da unten, beide getrennt voneinander. Im Goldenen Zeitalter sind die Götter noch auf der Erde spazieren gegangen.

Es waren Helferkräfte, die man rufen konnte. Die altägyptischen Bilder zeigen sie stets auf gleicher Ebene mit dem Menschen. Später, bei den Griechen, wohnten sie dann bereits oben im Olymp.

F. Wie ist denn der Moses auf diese verengenden Ideen gekommen? Vielleicht hat es seit der Zeit Echnatons immer eine Gruppe von Leuten gegeben, welche die Vorstellung von nur einem Gott hatten, und der Moses hat sie dann durchgesetzt?

Jeder ägyptische Gott ist der älteste und der, der sich selbst erzeugt hat

M. In gewissen, altägyptischen Texten, die lange vor der Zeit Echnatons entstanden sind, wird nicht von *Göttern*, im Plural, gesprochen, sondern immer nur von *dem Gott,* im Singular. Aber mit *dem Gott* war jedes Mal ein anderer gemeint: *Jeder* Gott war der *älteste* und der *erste* und der, der *sich selbst erzeugt* hatte. Das ist bis heute für die Ägyptologen etwas verwirrend. Es ist wie bei den Rishis, die in der gleichen Epoche gelebt haben und in ihren Hymnen auch viele Götter mit verschiedenen Namen angerufen haben, in ihnen aber die mannigfaltigen Aspekte der *einen göttlichen Existenz** sahen. Das erläutert Sri Aurobindo* ausführlich in *Das Geheimnis des Veda [The Secret of the Veda].*

F. Es kommt also darauf an, wie ich das, was Gott oder Götter genannt wird, erlebe.

M. Erfährst du es von der Einheit oder von der Vielheit her?

F. Es kann als beides erfahren werden, nicht wahr?

M. Ja. Echnaton aber wollte die Vielen ausschließen. Hier liegt der Unterschied – in dieser Einseitigkeit.

F. *Der Moses wollte genau das Gleiche, und er hat es dann durchgesetzt. Er führte einen Gott ein, der sagt, ihr dürft keine anderen Götter neben mir haben.*

M. Dieses Ausschließen bildete die Grundlage für das Aufkommen der monotheistischen Religionen. Mit Trennungsbewegungen fing es an, diese haben sich im mentalen Bewusstsein des Menschen weiterentwickelt und zunehmend verstärkt.

F. *Viele auf Moses folgende Generationen haben wohl an diesen Trennungsvorstellungen gearbeitet, das kommt in den fünf Büchern Mose deutlich zum Ausdruck.*

M. Zwischendurch kommen aber Sätze, wo man merkt, dass ältere Stoffe aufgenommen wurden, zum Beispiel die Geschichte mit dem Baum und der Schlange; aber wie wir in der Genesis sehen, haben die Verfasser den ursprünglichen Symbolgehalt ihrem neuen Denken angepasst und daraus eine moralische Geschichte gemacht.

Heraklit, Laotse, Buddha, Jesus

M. Das Aufschreiben der Genesis geschah zu einer Zeit, in der sich bei allen Kulturvölkern das Bewusstsein änderte. Einige haben das erkannt, so z. B. Heraklit in Griechenland, Laotse in China oder Buddha in Indien. Sie merkten, dass das neue lineare, dualistische Denken eine Veräußerlichung des Menschen mit sich bringen würde und versuchten, das alte polare Kreis-Denken zu bewahren. „Was die Früheren lehrten, lehre ich auch", sagt Laotse[*].

F. *Wozu gehört denn Jesus? Er lebte ja ca. 500 Jahre später als Heraklit, Parmenides, Laotse.*

M. Als er kam, war das trennende Denken schon überall gefestigt. Aufhalten konnte er es nicht mehr, aber er zeigte, wie die psychologisch negativen Auswirkungen überwunden werden konnten – durch Bewusstseinsbewegungen des Vereinens. Das Getrennte, bzw.

117

das als getrennt Gedachte sollte wieder zu einem Ganzen zusammengebracht werden. Entsprechende Aussagen wie z. B. „Ich und der Vater sind eins" [Johannesev. 10,30] schockierten die damaligen Menschen natürlich. Man stellte sich Gott im Himmelreich vor. Jesus aber lehrte: „Das Reich ist in euch und außerhalb von euch", [Lukasev. 17, 20-21 und Thomasev. Log. 3]. Und er nannte sich ‚Sohn des Menschen' [Matthäusevangelium 16,30] und wies damit in die Zukunft. Wenn er lehrte: „Liebe Deine Feinde" [Matthäusev. 5,38, Lukasev. 6,27], wusste er, dass das den Menschen seiner Zeit – auf der mental-rationalen Ebene – nicht möglich war, es kann nur auf einer höheren Bewusstseinsebene realisiert werden, die Jesus verwirklichte und vorlebte.

F. Das hieße ja, dass er wohl gewusst hatte, dass er bei denen, die ihn gehört haben, hat scheitern müssen, aber dass eines Tages das, was er lehrte, dennoch auf fruchtbaren Boden fallen könnte. Das wäre dann das Neue an Jesus gegenüber Heraklit und Laotse, die sozusagen die alte Gnosis* zu bewahren versuchten, aber nicht sahen, dass sie eines Tages – im kosmischen Zyklus der Yugas – wieder in neuer Art da sein könnte, dann nämlich, wenn der Mensch den Schritt in ein neues Goldenes Zeitalter vollziehen wird.

Ein neues Goldenes Zeitalter

M. Dieses wird reicher und umfassender sein, als das vorhergehende, denn die Evolution des Bewusstseins läuft laut Sri Aurobindo nicht rein kreisförmig, sondern spiralförmig. Und er spricht auch vom ‚Spiel des Bewusstseins'. Das Spielerische müssen wir im Auge behalten, denn sonst besteht die Gefahr, dass wir das analytische Bewusstsein einseitig negativ sehen. Es hat uns ja auch Einiges gebracht.

F. Vielleicht eine Art Erwachen aus abergläubisch und dekadent gewordenen Lebensformen der damaligen Zeit. Ein klares, lineares, logisches

Denken kann ja für gewisse Aspekte des Lebens durchaus hilfreich und weiterführend sein. Auch ist die materielle Welt stärker in den Fokus gerückt, was wohl auch notwendig war. Und der Mensch entwickelte ein Ich, ein wohl auch notwendiger Schritt–

M. – eine Art Zwischenphase auf dem langen Weg zum wahren Individuum.

F. Das Ich kann natürlich in Egozentrik ausarten. Es will Macht über andere ausüben, alleiniger Herrscher sein, Befehle erteilen. „Ich bin ein eifersüchtiger Gott" [Exodus 20,5], heißt es in der Bibel, wo Gott ja auch Flüche austeilt und aus Ärger über seine Geschöpfe eine Sintflut schickt –

M. – lauter Spiegelungen menschlichen Ego-Verhaltens. Sri Aurobindo sagt in einem seiner Aphorismen: *„Das Ego war der Helfer, das Ego ist das Hindernis."** Lange Zeit in der Evolution war der Aufbau eines Egos wichtig zum Überleben, aber jetzt ist die Menschheit an einen Punkt gekommen, wo sie über das Ego hinauswachsen muss –

F. – wo sie ich-frei werden soll, wie Jean Gebser es ausdrückt, also über das Ich hinauswachsen muss. Viele verwechseln Ichfreiheit mit Ichlosigkeit, aber das ist nicht das Gleiche.

M. Ja. Ichfreiheit* bedeutet, das Ich wie ein gutes Instrument dort, wo es hilfreich oder nötig ist, anzuwenden. Man kann frei darüber verfügen. Es soll nicht ‚weggeworfen' werden, es darf aber auch nicht der Meister unseres Wesens sein.

Jahwe Zebaoth und die Elohim

M. In der Zeit der Entstehung der Bibel herrschte eine patriarchalische Gesellschaftsordnung. Der Archetyp Mann war dominant, Frauen und Kinder mussten ihm gehorchen. Und genauso stellte man sich Gott in damals rein männlich geprägten hierarchischen Rollen vor wie z. B. König, Richter, Großgrundbesitzer, Krieger. Er bekam den Namen *Jahwe Zebaoth*, Herr der Heerscharen, was auch ‚oberster Befehlshaber‘ bedeuten kann!

F. Nun gibt es im Hebräischen auch noch den Namen Elohim für Gott.

M. Dieser Name scheint viel älter zu sein und noch aus matriarchalischer Zeit zu kommen. Die Wortendung *-im* zeigt den Plural, und weibliche Gottheiten waren in Elohim miteinbezogen. Elohim bedeutete ursprünglich: Götter, Geistwesen, Engelscharen, Mächte, Kräfte. Auch die Cherubim und Seraphim gehören dazu. Ein schönes Beispiel für den Plural von Elohim ist der Satz in der Genesis [Kap. 1.26]: *„Und die Elohim sprachen: Lasset uns Menschen machen nach unserem Bild, uns gleich“*. In der deutschen Bibel steht natürlich: *„Und Gott sprach...“*, im Singular.

F. Gewisse Bibelforscher vertreten die Meinung, dass Elohim den Plural Majestatis ausdrückt, weil das nachfolgende Verb sehr oft im Singular steht. Könnte es sein, dass das Wort Elohim eine Doppelbedeutung hatte, oder dass es im Laufe der Zeit eine Umdeutung bekommen hat, parallel zum Übergang von der matriarchalischen zur patriarchalischen Gesellschaft?

M. Ja. Beides ist möglich. Wortinhalte können schon von der einen Generation zur anderen wechseln. Symbolbilder sind da viel dauerhafter, ihr Inhalt lässt sich nicht definieren. Der Ausdruck Elohim bekam im patriarchalischen Bewusstsein die Bedeutung eines *ausschließenden* Gottes, so wie Jahwe. Die monotheistischen Religionen sind stolz, nur noch *einen* Gott zu haben. Aber, wenn wir uns selbst betrachten, sind wir nicht eins und viele zugleich? Sind da nicht viele Teilpersönlichkeiten, viele Archetypen, viele Funktionsweisen, viele Seelenkräfte, viele Organe, viele Bewusstseinsebenen, die in uns wirken? *„Kein Lebendiges ist Eins. Immer ist’s ein Vieles“**, sagt Goethe in einem seiner Gedichte.

Die große Urflut

F. Lassen sich in der Genesis vielleicht noch andere Ausdrücke oder Sätze aus einer älteren Zeit finden, die uns erkennen lassen, dass altes Traditionsgut, alte Symbolbilder mitaufgenommen wurden – ohne dass es den Verfassern vielleicht bewusst war?

M. „*...und Finsternis lag auf der Urflut* " [Kap. 1,2], das ist ein sehr altes Bild. Schon die indischen Rishis der vedischen Epoche sprechen in ihren Hymnen von einem Ozean, aus dem das Eine geboren wurde, „*durch die Größe seiner Energie*". Auch die Seher des alten Ägypten sahen die Grundlagen und den Ursprung der Welt in den Ur-Gewässern, den Wassern, in denen alles ruht, einem undifferenzierten Zustand, welchen sie *Nun* nannten und mit drei Wellenlinien darstellten. Unser Buchstabe N zeigt noch diese Welle.

F. Die Urflut – so wie wohl auch die Finsternis, Dunkelheit, Nacht – kann man sich demnach als gefüllt mit Energien denken, die potentiell alles schon enthalten, was sich später manifestieren wird?

M. Ja, die Nacht mit ihren Energien erleben wir – unbewusst – auch im Tiefschlaf. Da sind wir selbst nicht mehr Körper, sondern lassen alles los und ‚baden‘ in den Wellen, den Vibrationen, in denen wir uns regenerieren. Es gibt die ägyptische Aussage: „*Dieser große Gott ruht sich in den tiefen Wassern aus*". Jede Nacht im Tiefschlaf ruhen auch wir uns aus in den Wellen-Energien, in der großen ‚Urflut‘.

F. So gesehen, ist die Urflut etwas, das nicht nur am Anfang der Schöpfung gewesen ist, also zeitlich zu denken ist, sondern etwas, das auch rein psychologisch verstanden werden kann, als die vibrierende Wellen-Realität.

M. Ja. diese Wellen-Realität ist von den Quantenphysikern im 20. Jahrhundert wissenschaftlich entdeckt worden, aber lange vorher schon war sie den Sehern und Weisen des alten Ägyptens und Indiens vertraut – durch ihre spirituellen, mystischen Erfahrungen. Das zeigen uns deren Symbolbilder und Aussagen. Da gibt es z. B.

die Sätze in den vedischen Hymnen: *„Die Flut, die das Herz der Dinge ist.",* und: *„Die Götter, die durch die gewaltige Kraft der großen Flut wirken.".* Damit kann auch die Flut der Inspiration gemeint sein, wie Sri Aurobindo in *Das Geheimnis des Veda* schreibt.

Und der Geist Gottes schwebte über den Wassern

F. In der Genesis geht der Satz weiter [Kap. 1,2]: „und der Geist Gottes schwebte über den Wassern".

M. Das ist auch ein Bild aus einer früheren Zeit. Die ägyptische Hieroglyphe für *Sein* (rechts abgebildet) drückt ganz Ähnliches aus.

F. Die drei Wellenlinien symbolisieren wohl die Wasser, aber das Zeichen darüber, soll das den Geist Gottes darstellen?

M. Du kannst die Linien als anfangs- und endlose Bewegungen sehen, die immer wieder im Zentrum mit sich zusammenkommen, wie wenn Du eine liegende und eine stehende Acht zeichnest.

F. Im hebräischen Text heißt es: „Die Ruach Elohim schwebte über den Wassern". Bedeutet es das Gleiche wie der Geist Gottes?

M. Ruach, von *Ru = Löwin,* und *Ach = Seele, Geist* kann mit *Löwengeist* oder *Löwenseele* übersetzt werden. Früher wurden *Seele* und *Geist* nicht unterschieden. *Ach* konnte auch noch *Pneuma* bedeuten oder *Wehen, Wind, Bewegt-werden* durch Energien, Götter, Elohim – wie immer man diese Kräfte nennen will. Im alten Ägypten wurden sie *Neteru** genannt.

F. Ist nicht auch im hebräischen Namen Cherubim das Bild des Löwengeistes enthalten? Die Cherubim wurden doch ursprünglich als geflügelte Löwe-Mensch-Mischwesen dargestellt – eigentlich ähnlich der ägyptischen Sphinx.

122

M. Ja, es sind lauter Symbolbilder für Kräfte. Der Grieche Heraklit sah diese Kräfte als die immer wieder in sich zurückkehrenden, unsterblichen Energien, die den Menschen und das Universum „bewegen".

F. Das alles kann also das obere Zeichen der Hieroglyphe uns mitteilen?

M. Ja, Symbole lassen sich ja nicht definieren, in ihnen kann vieles gesehen werden.

Die unsterblichen Bewegungen im Menschen

F. Von Heraklit stammt der schwer verständliche Satz [Fragment 62]: Unsterbliche sind eigentlich sterblich, Sterbliche eigentlich unsterblich: indem sie den Tod jener leben, jedoch das Leben jener gestorben sind.

M. Die unsterblichen Seelenbewegungen in uns – wie z. B. die Liebe, die Freude, die Aspiration –, sie sterben mit uns. Aber gleichzeitig leben wir, die Sterblichen, ein unsterbliches Leben in den ewigen Seelenbewegungen. Wir meinen immer, dass *wir* es sind, die lieben, vertrauen, sich sehnen, mutig oder gelassen sind, sich freuen oder trauern etc., aber wir müssen diese Seelenkräfte als unsterbliche Bewegungen sehen, die in uns und in allen Wesen ‚ein- und ausgehen',

F. und auch immer wieder in sich zurückkehren, aus der Vielheit in die Einheit, ins Zentrum. Erscheint deshalb Ruach Elohim einmal im Plural, dann wieder im Singular?

M. Ja. Das betont auch Sri Aurobindo, wenn er von der Welt der Götter, dem ‚Overmind' spricht. Die Vielen, die zahlreichen unsterblichen Energien sind sich im *übermentalen Bewusstsein** der Einheit des Seins bewusst.

Hier ist noch eine andere Hieroglyphe – das Lebenskreuz Ankh, das uns auch Bewusstseinsbewegungen zeigt; vom Zentrum aus eine in die Tiefe, eine in die Weite und eine in die Höhe unseres Seins. Der Kreis ist eine immer wieder mit sich selbst zusammenkommende Bewegung, die stets in das Zentrum zurückführt – ähnlich einer Atemwelle, die in eine kleine Ruhephase zurückkehrt. Solange wir solche Hieroglyphen haben – sie wurden von den Ägyptern *Medu Neter** genannt, *heilige Stäbe / Stöcke* – können wir nicht über Worte ‚stolpern'.

Hieroglyphen: Stöcke für Blinde, die sich in die Wahrheit hineintasten

M. Ein Stab, ein Stock ist ein Hilfsmittel für Blinde, die sich in die ihnen verlorengegangene Wahrheit hineintasten möchten und sie wiederfinden wollen. Jede dieser Hieroglyphen ist ein Wieder-Zusammenbringen von etwas, das der Mensch getrennt hat. In ganz frühen Zeiten wurden solche Symbolzeichen nicht benötigt, weil der Mensch im Paradies lebte – in der Einheit des Seins. Und es wurde auch kein ‚Wort Gottes' aus einem heiligen Buch benötigt, weil alles Schwingung Gottes war.

Und die Ruach Elohim brütete über den Wassern

F. Ich möchte nochmals zu dem zweiten Satz in der Genesis zurückkommen. Im Hebräischen heißt es: „ ... und die Ruach Elohim brütete über den Wassern". Das hebräische Verb heißt nicht schweben, sondern brüten. Da wird das Bild eines brütenden Muttervogels evoziert. Was ausgebrütet wird in Eiern, ist ja zunächst eine undifferenzierte Masse, vergleichbar den Wassern der großen Anfänge, die auch undifferenzierte Energien sind. Und jetzt brütet etwas darüber, um daraus Formen werden zu lassen. Kann man das so sehen?

M. Ja. Aber Symbolbilder wollen uns immer auch etwas über uns selbst zeigen, und da kommt die Frage: wie habe *ich* denn angefangen? Im alten Ägypten hatten *die Wasser* drei Bedeutungen: *Geburt*, *Tod* und *Mutter*. Wir kommen aus den mütterlichen

Geburtswassern heraus, der Storch zieht uns aus den Wassern, und wir gehen am Ende unseres physischen Lebens – wenn wir von einer Phase des Seins in eine andere wechseln – wieder in die Wasser zurück, in die Wellenrealität, unser Schwingungsfeld, unsere Wellenmatrix. Ebenso durchlaufen wir diesen Zyklus jede Nacht: Im Tiefschlaf regenerieren wir uns in den Wellen, in der vibrierenden Wirklichkeit. Und wie geschieht es nun, dass ich am Morgen wieder in das Tagesbewusstsein zurückkehren kann und erwache? *Das* will ich wissen!

F. Die Frage kommt auf, was denn nun die Wirklichkeit ist. Ist es die Wellen-Welt oder die Korpuskel-Welt, die materielle Welt?

M. Die Wirklichkeit ist vielschichtig: Tiefschlaf-, Traumschlaf-, Wachbewusstsein sind unterschiedliche Bewusstseinszustände, in denen die Wirklichkeit sich in je anderer Art und Weise manifestiert. Und doch kann im Evolutionsgeschehen auch eine kreative Absicht, eine Steuerung, eine Kybernetik erkannt werden, ein langsames Immer-wirklicher-werden. Unser mentaler Wachzustand ist nicht das höchste Bewusstsein, es gibt darüberhinausgehende überwache, *erleuchtete Bewusstseinszustände**.

F. Kann ich auch sagen, dass wir Menschen im stets wiederkehrenden Tag-Nacht-Zyklus das durchlaufen, was in einem weiteren Sinn auch kosmische Vorgänge sind?

M. Ja, alle 24 Stunden durchlaufen wir den Zyklus des Eintauchens in die rein vibrierende Wirklichkeit und des Wieder-Aufwachens in die korpuskulare Wirklichkeit; und vielleicht gelingt es uns, ihn einst in voller Bewusstheit zu durchlaufen.

Es werde Licht

F. In der Genesis folgt auf die Urflut mit dem Geist Gottes über den Wassern nun das Licht. Es heißt [Kap. 1,3]: „Und Gott sprach: Es werde Licht! Und es ward Licht".
Wenn am Anfang die Finsternis war, kann das Licht ja eigentlich nur aus dieser Finsternis gekommen sein?

M. Licht war in alten Zeiten, in denen es noch nicht so viele Wörter gab, auch ein Ausdruck für das, was wir heute Bewusstsein nennen. Wir sagen ja noch: „Es ist mir ein Licht aufgegangen", wenn uns etwas bewusst wird. Wir können annehmen, dass das Licht – das Bewusstsein – schon immer da war, aber es wurde lange nicht gesehen, nicht wahrgenommen. Licht ist ja vor allem elektromagnetische Welle. Wenn du in einem dunklen Zimmer liegst, und durch das Fenster an der rechten Wand kommt ein Lichtstrahl und geht durch das gegenüberliegende Fenster wieder hinaus, könntest du ihn sehen?

F. Nein, nur wenn Staubpartikel ihn reflektieren würden, oder wenn ich mich so hinstellen würde, dass der Lichtstrahl direkt auf meine Augen fiele, auf meine Netzhautrezeptoren, dann könnte ich ihn sehen.

M. Die Rezeptoren sind ganz wesentlich. Das Universum kann mit dem herrlichsten Licht erfüllt sein, doch ohne Rezeptoren, ohne Organe wie z. B. die Augen kann es für uns nicht sichtbar werden. In der Evolution hat es lange gedauert, bis es Augen gab, während die Sonne schon längst ihr Licht ausstrahlte. Das *Sehen*, das *Sichtbarwerden* des Lichtes ist deshalb das Wunder!

F. „Es werde Licht" meint also nicht so sehr die Entstehung des Lichts, sondern das Wahrnehmen des Lichts. Können damit auch psychologische Vorgänge gemeint sein, die uns – meist erst im Nachhinein – bewusst werden?

M. Ja. Es gibt eine ägyptische Hieroglyphe, welche eine verschleierte, ‚schwarze Sonne' darstellt. Sie kann uns dunkel erscheinen, obwohl sie voller Licht ist – so wie es bei einer Sonnenfinsternis der Fall ist, oder wenn Wolken sie verschleiern. Weil ihr Licht nicht auf unsere Rezeptoren in der Netzhaut fällt, meinen wir, sie sei schwarz. Und so sind die Dinge um uns herum oft auch wie schwarze Sonnen für uns.

F. Wird die Hieroglyphe ‚schwarze Sonne' nicht meist zusammen mit einer ‚schwingenden Saite' und einer Papyrusrolle gezeigt?

M. Ja, mit diesen drei Hieroglyphen wurde ‚Wissen' ausgedrückt. Für die alten Ägypter bedeutete Wissen das ‚Erkennen der vibrierenden Wirklichkeit hinter dem Schleier der 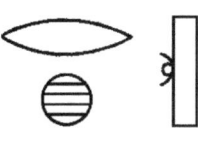 Dinge'. Wenn wir in Resonanz treten mit der vibrierenden Realität hinter den vordergründigen Erscheinungen, dann erst erkennen wir, was die Dinge wirklich sind, dann erst *sehen* wir sie.

F. Das bedeutet, dass das Licht, mit dem die alten Seher auch Bewusstsein* meinten, schon immer da war, und durch die Evolution hindurch wird es seiner selbst stets bewusster.

M. Ja. Das Wichtige ist, *in Resonanz zu treten* mit dem, dessen wir uns bewusst werden möchten. Wenn zwei genau gleich gestimmte Lauten im Raum sind, und du bringst die eine zum Klingen, beginnt auch die zweite Laute zu vibrieren. Das ist Resonanz. Wenn die eine Laute nicht auf die andere abgestimmt ist, wird sie nicht mitschwingen können. Und so ist es auch bei uns: Wenn wir etwas erkennen wollen, müssen wir uns auf dieses Etwas einstimmen. Das ganze Weltall ist ein Resonanzphänomen.

F. Im Genesistext heißt es dann [Kap. 1,4]: „Und Gott sah, dass das Licht gut war."

M. Das ist Resonanz. Dieser Satz kommt aus der alten Zeit, als der Mensch noch alles als heil und gut empfand, weil er in der Einheit des Seins lebte. Auch wir sollen wieder sehen lernen, dass etwas stets gut ist für etwas anderes. Hinterher kommen dann wieder Sätze aus einer späteren Zeit, als der Mensch ein gegensätzliches Denken entwickelte und genau unterscheiden wollte [Kap. 1,4-5]: *„Da schied Gott das Licht von der Finsternis und nannte das Licht Tag und die Finsternis Nacht. Da ward aus Abend und Morgen der erste Tag."*

F. Das Werden des Lichts und sein Sichtbarwerden sind noch keine Trennungsbewegungen, aber das nachträgliche Scheiden von Licht und Finsternis, das Scheiden von Tag und Nacht zeigt, dass jetzt entzweit wurde, was vorher noch beieinander war.

M. Ja, das analytische Mental unterscheidet, trennt, teilt. Was früher als zwei Pole einer Ganzheit gesehen wurde, waren jetzt Gegensätze. Auch wurden die Dinge benannt und zeitlich eingeteilt, das sind ebenfalls mentale Aktivitäten. Der Tag wurde jetzt wichtig, die Nacht mit ihrem Traumwissen verschwand langsam aus dem Bewusstsein des Menschen. Finsternis wurde mit Unwissenheit und Unbewusstem assoziiert, die Nacht zunehmend negativ gesehen.

Es werde ein Gewölbe zwischen den Wassern

F. Im nächsten Satz macht Gott ein Himmelsgewölbe. Es heißt: „Und Gott sprach: Es werde ein Gewölbe zwischen den Wassern, das da scheide Wasser von Wasser. Gott machte also das Gewölbe und schied das Wasser unterhalb des Gewölbes vom Wasser oberhalb des Gewölbes. So geschah es. Und Gott nannte das Gewölbe Himmel."

M. Für das Himmelsgewölbe gab es im alten Ägypten zweierlei Symbolbilder. Auf dem viel Älteren wurde die große Mutter *Nut* dargestellt, die sich mit ihrem Körper über die Erde, Geb, beugt und jeden Abend die Sonne verschluckt und sie jeden Morgen wieder neu gebiert.

128

In einer späteren Zeit wurde dann ein zweites Symbolbild für Himmel eingeführt, das nur noch ein Gewölbe wie einen Deckel zeigt.

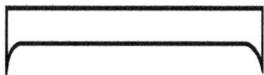

F. Weshalb diese Änderung?

M. Vielleicht spürten bereits die alten Ägypter, dass das sich anbahnende neue Denken trennend wirken würde, dass sie sich selbst von den höheren Energien, den höheren Bewusstseinsebenen abschneiden würden. Die Wasser als Symbol für Energien, Schwingungen werden in der Genesis geschieden in Energien unterhalb und Energien oberhalb des Gewölbes. Die einen gehören zur mentalen Welt, die anderen zur übermentalen Welt – oder wir könnten auch sagen, die unteren zur Noosphäre* und die oberen zur Logosphäre.

F. Wir haben durch die Entwicklung des analytischen Denkens die Dinge und auch uns selbst abgegrenzt. Für die Wissenschaft existierte ja lange Zeit nur das Materielle, bis dann die Quantenphysik kam und die Wellenrealität anerkannte.

M. Mit dem analytischen Denken wurde auch die Egoformation, das Sich-Abgrenzen gegen Andere und Anderes im Menschen stärker. Diese Egoformation, die die Natur aufgebaut hat, ist in der

Verbindung mit dem analytischen Trennungs-Denken immer mehr zu einer Trennwand geworden, zu einem Deckel, einem Gewölbe, wie immer man es nennen will.

F. Das Mentale selbst ist ja eigentlich unschuldig, ist weder Gut noch Böse. Verheerend ist der Deckel, den man daraufgelegt hat, welcher die Verbindung zu den oberen Energien abschneidet. Das Gewölbe sollte eigentlich nicht ,Himmel' genannt werden, sondern ,Trenner-Kraft'.

M. Ja, die Trenner-Kräfte in der Noosphäre. Sie wurden auch auf Gott projiziert. Gott verkleinert nun den Menschen – bzw. der Mensch grenzt sich selbst ab

F. Er sieht sich nur noch als Lehm, Materie.

M. Aber es gibt auch eine Kraft in ihm – wir können sie Aspiration nennen – die den Deckel zu heben versucht.
Die Aufgabe des ,Sohn des Menschen', bzw. der ,Tochter des Menschen' ist es, in die aufgestellten Trennwände der Lehren der Religionen, Philosophien, Psychologie und auch der Wissenschaften Löcher zu bohren und über die Begrenzungen hinauszugehen – wie Maat, die Wahrheit, die *über* dem Deckel ist.

Maat mit der Feder auf dem Kopf,
Symbol für seelische Wahrheit und Leichtigkeit,
führt über alle Begrenzungen hinaus.

Lasset uns Menschen machen nach unserem Bilde

F. Ich möchte nochmals auf den Satz zurückkommen: „Lasset uns Menschen machen nach unserem Bilde, uns ähnlich"

M. Jeder Mensch trägt das Bild Gottes in sich. Dieses muss er jetzt langsam durch die Evolution hindurch – von Leben zu Leben – immer mehr zum Ausdruck bringen, sowohl in seinem physischen als auch seinem vitalen und seinem mentalen Wesen. Der wirkliche Mensch ist noch gar nicht da. Das göttliche Bild wurde in uns hineingelegt – das ist Involution* –, aber wir gleichen ihm noch lange nicht. Sein allmähliches Sichtbarwerden, das ist Evolution.

F. Dass der wahre Mensch noch gar nicht da ist, das merken wir beim Zeitungslesen besonders deutlich. Was wir da lesen, erscheint uns oft unmenschlich.
In der Genesis geht der Satz dann weiter [Kap. 1.26]: „Und Gott sprach: Lasst uns Menschen machen nach unserem Bild, uns ähnlich; die sollen herrschen über die Fische im Meer und über die Vögel des Himmels und über das Vieh und über die ganze Erde und über alles Gewürm, das auf Erden kriecht."
Soll der Mensch ein Herrscher über Tiere und Pflanzen sein?

M. Das ist eine kranke Vorstellung, die erst im patriarchalischen Zeitalter aufkam. Im alten Ägypten gab es nicht einmal ein Wort für Tier. Alle Tiere waren Schwestern und Brüder, so wie sie es auch für Franz von Assisi waren. Wir sind Teil der Natur, nicht ihr Herrscher.

Und schuf sie als Mann und Frau

F. Dann geht der Text weiter [Kap. 1,27]: „Und Gott schuf den Menschen zu seinem Bilde, zum Bilde Gottes schuf er ihn: und schuf sie als Mann und Frau."

M. Das ist wieder ein heilvoller Satz aus einer älteren Zeit; da waren Mann und Frau gleichwertig.

F. *Im zweiten Kapitel der Genesis, das vom Jahwist* geschrieben wurde, wird die Frau dann nur noch aus einer Rippe des Mannes gemacht. [Kap. 2,21] Als er die Frau aus seiner Seite bekommt, sagt der Mensch: „Die ist nun Bein von meinem Bein und Fleisch von meinem Fleisch; man wird sie Männin nennen, weil sie vom Manne genommen ist." Mann heißt hebräisch „äisch", und die Frau „äischa", das bedeutet „vom Mann genommen". Im dritten Kapitel [3,16] sagt Gott dann zur Frau: „Und Dein Verlangen soll nach deinem Manne gehen, und er wird über dich herrschen."*

M. Da sieht man, wie das Patriarchat eingezogen ist, wie das Männliche das Weibliche immer mehr zu dominieren begann. In Griechenland wurden die lächelnden, weiblichen Statuen von ernsten, männlichen abgelöst, und in vielen alten Mythen erfolgte eine Umdeutung weiblicher Figuren zugunsten männlicher. Die Verhaltensweise der Männer wurde kämpferisch, kriegerisch. Und sogar der Apostel Paulus* war der Meinung: *„Die Frauen sollen in der Versammlung schweigen. Es steht ihnen nicht an, das Wort zu ergreifen. Sie sollen sich unterordnen, wie auch das Gesetz gebietet. Wenn sie etwas wissen wollen, sollen sie daheim ihre Männer fragen."* So steht es im 1. Korintherbrief 14, Vers 34.

F. *Man fragt sich, wie es dazu kam, dass der Mann die Frau, mit der er ein Leben lang zusammenlebte, plötzlich so herrisch behandelte – wie eine Sache.*

M. Das war nicht so in ganz frühen Zeiten. Bei den Buschmännern, dem Urvolk Südafrikas, sind Mann und Frau heute noch gleichwertig, sie sind ja aufeinander angewiesen; die Männer jagen Tiere, die Frauen sammeln Beeren und Wurzeln. Auch bei den Etruskern waren Mann und Frau gleichwertig, so wie auch bei den alten Ägyptern.

132

F. Im Museum in Kairo gibt es einen Saal, in dem viele aus Stein gehauene Paare ausgestellt sind, und oft sitzt der Mann nur da, und die Frau hält den Arm um ihn – eigentlich das aktivere Element. Bei einem der Paare sieht man, dass der Mann ein Krüppel, ein Zwerg ist, er hat ganz kurze Beine, aber da stehen zwei Kinder davor, und die Frau hat den Arm um ihn gelegt. Das fand ich sehr schön. Es scheint der Idee einer liebevollen Partnerschaft mehr zu entsprechen als die biblische Aussage, dass der Mann über die Frau herrschen soll.

M. Diese Idee, dass der Mann über die Frau herrschen soll, wollte Jesus wieder ausgleichen. Im Thomasevangelium, Log. 114 wird erzählt, dass Petrus zu Maria sprach, sie solle weggehen, denn Frauen seien des Lebens nicht wert, worauf Jesus antwortete, dass die Frau ruhig ihre männliche Seite ausbilden soll –

F. – so wie der Mann auch seine weibliche Seite ausbilden soll! Diese logische Ergänzung, die in der Aussage von Jesus wie impliziert ist, wurde wohl schon bald wieder gelöscht, sie fehlt jedenfalls im Log. 114.

M. C. G. Jung hat aufgezeigt, wie wichtig es ist, dass der Mann seine Anima und die Frau ihren Animus erkennen und entfalten kann. Im Log. 22 sagt Jesus, dass das Männliche und das Weibliche wieder zu Einem gemacht werden sollen, auf dass nicht das Männliche männlich und das Weibliche weiblich bleibe. Es geht um ein Integrieren des jeweils anderen, ergänzenden Pols. Davon wollen die jüdischen, christlichen und islamischen Religionen bis heute nichts wissen, da dominieren immer noch patriarchalische Strukturen.

F. Aber zwischendurch taucht in der Genesis ein Satz aus noch matriarchalischer Zeit auf: „Darum verlässt der Mann Vater und Mutter und hängt seinem Weib an, und sie werden ein Leib" [Kap. 2,24]. Dass der Mann in das Haus des mit ihm verheirateten Mädchens zieht, ist eindeutig matriarchalische Praxis, das passt also gar nicht zu dem, was vorher gesagt wurde, nämlich dass die Frau Männin heißen solle, denn sie sei vom Mann genommen, eine Aussage, die ganz patriarchalisch klingt.

M. Da hat der Verfasser des Textes nicht aufgepasst – und die späteren Abschreiber auch nicht! Es gibt noch andere matriarchalische Sätze, so z. B. [Kap 3.20]: *„Und Adam nannte seine Frau Eva; denn sie wurde die Mutter aller, die da leben.“* Da wird Eva noch als die große Mutter aller Wesen gesehen.

Mehret euch und macht euch die Erde untertan

F. In der Genesis wird gesagt [Kap. 1.28] „Und Gott segnete sie und sprach zu ihnen: Seid fruchtbar und mehret euch und füllet die Erde und machet sie euch untertan und herrschet über die Fische im Meer und über die Vögel unter dem Himmel und über alles Getier, das auf Erden kriecht“.
Was wir heute haben, scheint die Konsequenz dieses Satzes zu sein. Der Mensch hat geglaubt, er sei derjenige, der sich die Erde untertan machen könne. Und er ist immer noch fruchtbar und mehret sich immer noch und füllt die Erde weiter an, bis er keinen Platz mehr hat. Und er herrscht über die Fische im Meer und die Vögel des Himmels, über das Vieh und alle Tiere, bis es keine mehr gibt. So hat er seine Herrschaft verstanden!

M. Ja

Und ruhte am siebten Tage

F. Dann steht im Kapitel 2,2: „Und so vollendete Gott am siebenten Tage seine Werke, die er machte, und ruhte am siebenten Tage von allen seinen Werken, die er gemacht hatte. Und Gott segnete den siebenten Tag und heiligte ihn, weil er an ihm ruhte von allen seinen Werken, die Gott geschaffen und gemacht hatte.“
Dass die Schöpfung in eine Sieben-Tage-Form gekleidet wird, kommt meines Wissens nur im jüdischen, bzw. biblischen Schöpfungsmythos vor.

M. Nicht nur der Raum wird in Himmel und Erde geteilt, auch die jetzt linear gedachte Zeit wird geteilt: sechs Tage lang arbeiten, dann einen Tag ruhen. Jesus aber sagt, als die Jünger ihn nach einem Zeichen seines Vaters – seines Ursprungs – fragen: *„Da ist eine Ruhe* *und eine Bewegung"*, beides geschieht zugleich, im Sinne von „Wenn ich arbeite, ruhe ich, und wenn ich ruhe, arbeite ich". Das eine ist im anderen enthalten. Die Zeiteinteilung, das Nacheinander von Arbeit und Ruhe, ist in der steten Gegenwart aufgehoben.

F. In der babylonischen Schöpfungsgeschichte feiern die Götter nach der Arbeit ein Fest, während der Jahwe einen Ruhetag einführt und diesen heiligt.

M. Aber dieses Heiligen hat nicht mehr die Bedeutung von: den Tag heil, ganz zu machen, sondern den Tag mit religiösen Regeln und Geboten zu versehen.

Die zweite Schöpfungsgeschichte

F. Diese erste Schöpfungs-Geschichte endet dann mit dem Satz in Kapitel 2,1: „So wurden vollendet Himmel und Erde"...und dem anderen Satz in Kap. 2,4: „Dies ist die Geschichte von Himmel und Erde, da sie geschaffen wurden." Diese zwei Sätze und der erste Satz [Kap. 1.1] umrahmen den ersten Schöpfungsbericht. Dann folgt eine zweite Geschichte, die, wie die Bibelforscher feststellten, von einem anderen Verfasser geschrieben wurde. Dieser verwendete für ‚Gott' den Namen Jahweh/ JHWH. Weil der Name als heilig galt, wurde seine Aussprache im Judentum schon früh gemieden, man hat stattdessen ădônāj = ‚der Herr' gelesen, was deutsch übersetzt wurde mit ‚Gott, der Herr'.
Die zweite Geschichte beginnt so [Kap. 2,4]:
„Es war zu der Zeit, da Gott der Herr Himmel und Erde machte und alle die Sträucher auf dem Felde waren noch nicht gewachsen. Denn Gott der Herr hatte noch nicht regnen lassen auf Erden, und kein Mensch war da, der das Land bebaute."

M. Da sieht man, wozu der Mensch gedacht war: Er sollte das Land bebauen. Im alten Ägypten war es noch umgekehrt; die Neteru⁺, die Seelenkräfte sollten dem Menschen dienen. Jetzt aber soll der Mensch dem Jahwe dienen.

F. Wir sprechen ja heute noch von ‚Gottesdiensten‘!

Denn Staub bist du und zum Staub kehrst du zurück

F. Der Text geht weiter [Kapitel 2,7]: „Da machte Gott der Herr den Menschen aus Staub von der Erde und blies ihm den Odem des Lebens in seine Nase. Und so ward der Mensch ein lebendiges Wesen." Ein Kapitel später heißt es nur noch: Denn Staub bist du und zum Staub kehrst du wieder zurück." Es wird alles reduktionistisch gesehen, der Mensch nur noch Staub–

M. – bis dann im 20. Jahrhundert einer wie der Physiker und Philosoph Carl Friedrich von Weizsäcker kam und erklärte, dass der Staub, den wir von unseren Möbeln wischen, von den Sternen kommt, und dass auch wir aus Sternenpartikeln sind, dass wir also Sternenmenschen sind! Mit der Quantenphysik kann alles wieder weit, offen und schön gesehen werden.

F. Wurde nicht im alten Ägypten der fünfstrahlige Stern als ein Symbol für den Menschen gesehen?

M. Ja, sie liebten die Sterne, ihre Grab- und Tempelwände waren mit Sternen übersät.

Der Baum der Erkenntnis von Gut und Böse

F. Jetzt geht es weiter [Kap. 2,8]: „Und Gott der Herr pflanzte einen Garten in Eden gegen Osten hin und setzte den Menschen hinein, den er gemacht hatte. Und Gott der Herr ließ aufwachsen aus der Erde allerlei Bäume, verlockend anzusehen und gut zu essen, und den Baum des Lebens mitten im Garten und den Baum der Erkenntnis des Guten und Bösen." Und 2, 16 kommt der wichtige Satz:
„Und Gott der Herr gebot dem Menschen: von allen Bäumen im Garten darfst du essen, nur von dem Baum der Erkenntnis des Guten und des Bösen, von dem darfst du nicht essen. Denn sobald du davon isst, musst du

sterben." Diese Aussage ist eigentlich der Kern des biblischen Schöpfungs-berichtes.

M. Wenn der Mensch analytisch denkt, scheidet er Gut/Böse, Körper/Seele, Mensch/Gott, Materie/Geist. Selbst die Geburt und der Tod sind jetzt nicht mehr Pole des *einen* Lebens – wie es in dem Urwort *dad** mit der Doppelbedeutung *Tat* und *Tod* noch zum Ausdruck kommt, sondern sie sind jetzt Gegensätze. Der ewige Kreislauf des Lebens ist entzweigeschnitten, so wie auch die Zeit. Man hat nur noch *ein* physisches Leben: wenn man sich nur mit diesem identifiziert, muss man konsequenterweise sterben.

Ursprüngliche Lehrbotschaft des Baumes

F. Mentale Trennungsbewegungen bergen also eine Gefahr. In Ihren Erläuterungen in „Die Geschichte des Baumes" schreiben Sie: „Es gab nur etwas, das dem Baum nicht angetan werden durfte: seine Baumheit zu verletzen, seine wesentliche Zusammengehörigkeit, seine fundamentale Einheit und Ganzheit des Seins. Seine Früchte, die wir selbst einen glück-lichen Moment lang zuvor gewesen waren, sie durften nicht vom Baum gesondert werden, denn vom Baum getrennt, würden sie giftig werden: zu Früchten von Teilung, Sonderung, Tod. Sie würden uns des Einsseins mit dem Baum und seiner Energie-Schlange berauben." [Siehe S. 93]
In dieser Weise kann also die Symbolik des Baums gesehen werden: Man soll sich nicht von der Ganzheit trennen, man soll die Dinge nicht nur von seiner ichhaften Perspektive aus betrachten, sondern stets die Verbindung von Allem mit Allem im Auge behalten. Sie schreiben weiter, dass die-jenigen, „welche die Früchte mit einer falschen Identifikations-Bewegung aßen – z. B. ‚mein Werk ist meine Frucht und nicht die deine' – ihre Vollständigkeit verloren, ihre Verbindung mit ihrer Hülle der Freude, ihrer endlos sich erneuernden Energie und Seligkeit." Wenn das geschieht, fühlt man sich psychologisch gesehen nackt.

M. Man fühlt sich armselig, arm an Seligkeit.

F. Das Verbot, den Apfel zu essen, ist eigentlich eine Warnung: Achtung, trenne nicht die Frucht vom Baum durch dein ausschließendes Denken, es birgt die Gefahr, dass dir die Seligkeit verloren geht. In der Genesis wird dieses Trennen der Frucht vom Baum nicht mehr psychologisch oder ontologisch verstanden, sondern moralisch gesehen, als ein Vergehen gegen Gebote, die Gott der Herr aufgestellt hat: wer nicht gehorcht, wird bestraft – von einem strengen, patriarchalischen Herrn.

M. Ja. Hierin liegt die Verzerrung des ursprünglichen, gnostischen Lehrbildes von Baum, Schlange, Adam und Eva. Moral gehört zur Religion, Selbsterkenntnis zur Gnosis.

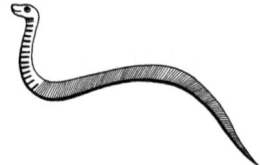

Die Schlange

F. Nun heißt es [Kap. 3,1]: „Und die Schlange war listiger als alle Tiere auf dem Felde, die Gott gemacht hatte."

M. Das wurde falsch übersetzt: In den ersten Bibelübersetzungen hieß es noch: *„Die Schlange war weiser als alle Tiere...".* Im alten Griechenland hat der berühmte Arzt Asklepios nicht mit List, sondern mit Weisheit geheilt. Die um seinen Stab geringelte Schlange ist ein Symbol für Heilkräfte, Energien, Schwingungen. Noch heute ist auf unseren Apothekenschildern eine Schlange abgebildet. Und Jesus sagt von der Schlange [Matthäusev. 10, 16]: *„Seid weise wie die Schlange und ohne Falsch wie die Taube".*

F. Meinen Sie, dass das ‚weise' später in ‚klug' geändert wurde?

M. Jedenfalls hat Jesus nicht gesagt: „Seid *listig* wie die Schlange".

F. Es heißt dann im Bibeltext [Kap.3,2]: „Die Schlange sprach zum Weibe: Ja, sollte Gott gesagt haben: Ihr sollt nicht essen von allen Bäumen im Garten? Da sprach die Frau zu der Schlange: Wir essen von den Früchten der Bäume im Garten; aber von den Früchten des Baumes mitten im

Garten hat Gott gesagt: Esset nicht davon, rühret sie auch nicht an, dass ihr nicht sterbet! Da sprach die Schlange zur Frau: Ihr werdet keineswegs des Todes sterben."

Die Schlange hat Eva geraten, vom Baum der Erkenntnis zu essen, was von Bibelauslegern als eine Verführung zum Nichteinhalten des Gebotes Gottes interpretiert wird. So wie Sie es aber in „Die Geschichte des Baumes" interpretieren, darf die Frucht ruhig gegessen werden, wenn das in der ‚wahren Identifikation mit der universellen Zusammengehörigkeit von Allem' geschieht [siehe S. 93]. Das will uns doch sagen, dass der Schritt zum mentalen Bewusstsein mit dem logischen Denken, Analysieren und Sondern von Gut und Böse ruhig getan werden darf. Diese Fähigkeiten sollen angewendet werden, da wo sie angebracht sind, wo sie nützlich und hilfreich sind.

M. Wesentlich ist, das Ganze, den ganzen Baum nicht aus den Augen zu verlieren. Dann sind die Früchte nicht giftig oder tödlich, sondern können sogar als *goldene Äpfel* genossen werden, wie es z. B. im Mythos von *Herakles* oder im Grimms-Märchen *Die weiße Schlange* erzählt wird.

F. Und die Frau hörte auf den Rat der Schlange –

M. – was zeigt, dass sie mit einer ganz anderen Gottheit – einer ganz anderen Energie – verbunden war als Adam. Sie getraute sich, das von außen auferlegte Gebot eines von ihr getrennten Gottes nicht zu beachten, weil sie auf ihre Intuition, ihre innere Wahrheit, ihre Seelenkräfte hörte.

F. War die Schlange auch ein Symbol für die Seelenkräfte im Menschen?

M. Sie ist ein äußerst vielfältiges Symbol und erscheint in unzähligen alten Kulturen. Weil sie wellenartige Bewegungen ausführen kann, wurde sie zu einem Symbol für Energien, Schwingungen, Seelenkräfte – sowohl positive als auch negative. Weil sie sich häuten kann, wurde sie zu einem Symbol für Regeneration und Unsterblichkeit, weil ihr Gift töten kann, zu einem Symbol für den Tod und das sogenannte Böse. Dass sie mit ihrem Körper einen Kreis oder eine Spirale bilden kann, wurde zu einem Sinnbild für immer wiederkehrende Bewegungen wie etwa der Tag-/Nacht-rhythmus oder die Mondphasen, die Jahreszeiten, die immer wie-derkehrende Sonne, das Kreisen der Sterne etc. – lauter zyklische Bewegungen.

F. Irgendwo las ich, dass die Juden, die in der Wüste wohl öfters von Schlangen gebissen wurden, ein eher negatives Verhältnis zu diesem Tier gehabt hätten.

M. Wie kommt es denn, dass Jesus so nett von der Schlange gespro-chen hat?

F. Er ist in Ägypten aufgewachsen!

M. Im alten Ägypten erscheinen Schlangen auf unzähligen Bildern. Die *Mehen*-Schlange z. B. schützt den Sonnengott Re auf seiner Nachtfahrt. Die *Apophis*-Schlange wiederum bedroht Re auf seiner Nachtfahrt. Die *Weltumring-ler*-Schlange lässt Re mit seinem Schiff am Ende der Nachtfahrt zusammen mit allen toten Greisen in ihren Riesenkörper eintreten – vom Schwanzende her – und aus ihrem Mund wieder verjüngt als kleine Kinder austreten, was ein Sinnbild für das ewige Neuwerden allen Lebens ist. Die Schlange ist also ein sehr ambivalentes, uraltes, schillerndes Symbol. Im Judentum, so wie auch im Christentum werden gewisse Engel *Seraphim* genannt, der hebräische Name bedeutet *feurige Schlangenwesen* – Lichtblitzen hoher Inspiration vergleichbar.

F. In der Genesis wird die Schlange als Satan interpretiert.

M. Sri Aurobindo aber sieht in dieser Genesis-Geschichte die Schlange als ein Symbol für die Kraft der *Evolution des Bewusstseins**.

F. Das bedeutet, dass Eva und Adam also ruhig den nächsten Schritt in der Evolution vollziehen dürfen und sich das neue mentale Bewusstsein aneignen sollen, wie es die Schlange rät?

M. Ja. Und Eva vertraut der Schlange und dem Baum. Die Worte ‚Vertrauen‘ und ‚Baum‘ hängen ja zusammen: englisch tree, true –, trauen, vertrauen, Trauung, Druide etc.

F. Jahwe aber will den nächsten Schritt in der Evolution verhindern, wie es scheint.

M. Ja. Es gibt *asurische Kräfte**, welche die Bewusstseins-Evolution im Menschen aufhalten oder verhindern wollen. Diese sind auch heute noch am Werk.

F. Kann man diese Kräfte so sehen, wie Goethe sie im Faust beschreibt: „Ich bin ein Teil von jener Kraft, die stets das Böse will und doch das Gute schafft."?

M. Ja. Auch die Aussage im Prolog passt: *„Des Menschen Tätigkeit kann allzu leicht erschlaffen, er liebt sich bald die unbedingte Ruh; Drum geb‘ ich gern ihm den Gesellen zu, Der reizt und wirkt und muß als Teufel schaffen."* Letztlich bringen diese Kräfte die Evolution doch voran.

Fünf Bäume im Paradies, die der eine Baum sind

F. Was mir noch aufgefallen ist: Im Kapitel 2,9 steht: „Und Gott der Herr ließ aufwachsen aus der Erde allerlei Bäume..., und den Baum des Lebens mitten im Garten und den Baum der Erkenntnis des Guten und Bösen." Handelt es sich jetzt um den gleichen Baum oder sind es zwei verschiedene Bäume? Selbst Bibelforscher sind sich da nicht einig.

M. Jesus spricht sogar von fünf Bäumen im Paradies, *„die sich nicht verändern im Sommer (und) im Winter, und ihre Blätter fallen nicht ab".* Und er fügt hinzu: *„Wer sie erkennen wird, wird den Tod nicht schmecken"* [Thomasev., Log. 19].

F. Was hat er damit wohl gemeint? Die alte Sprache war ja eine Symbolsprache. Also ist da nicht von wirklichen Bäumen die Rede. Kann man sie vielleicht in Verbindung bringen mit den fünf Bewusstseinsebenen* im Menschen, die Sri Aurobindo physisch, vital, mental, übermental und supramental nennt?

M. Ja. Schon die alten Inder erkannten, dass der Mensch *fünf Hüllen* hat. Sie nannten sie *Koshas**: die Hülle des Körpers, des Vitals, des Mentals, der reinen Erkenntnis und der Seligkeit.

F. Können diese Fünf auch im Symbol von fünf Bäumen erscheinen – wie es ja auf ägyptischen Bildern zu sehen ist?

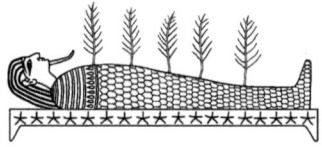

M. Die fünf Bäume oder fünf Koshas oder der fünfstrahlige Stern symbolisieren Bewusstseinsstrukturen universeller Art. Sie sind genauso in uns, wie außerhalb von uns. Wenn du dich hinsetzt und meditierst, sitzt du unter deinem Baum, dem Baum, der alle Bäume ist – inmitten deines Gartens von Sein-Bewusstsein-Seligkeit. Von da kannst du in die Tiefe oder Höhe oder in die Weite gehen, so wie

142

uns das auch das *Ankh*-Kreuz zeigt. Das sind innere Bewegungen. Sie entsprechen einer inneren Geographie, mit der die alten Ägypter und Inder vertraut waren, vielleicht auch andere alte Kulturvölker.

F. In der Genesis sind es nur noch zwei Bäume, also zwei Aspekte des einen Baums: der Baum des Lebens und der Baum der Erkenntnis von Gut und Böse [Kap. 2,9], wobei das ja dauernd hin und hergeht: Im Kapitel 2,9 verbietet Gott, vom Baum der Erkenntnis des Guten und Bösen zu essen. Im Kapitel 3,3 sagt Eva der Schlange, dass sie von den Früchten des Baumes mitten im Garten nicht essen dürfen, im Kapitel 3,6 sah die Frau, dass von dem Baum gut zu essen wäre. Und am Schluss der Erzählung der Genesis befürchtet Gott, dass der Mensch seine Hand ausstrecken könnte und nehme auch von dem Baum des Lebens [Kap. 3,22]. Das geht alles durcheinander.

M. Ja. Wenn man vom Baum der *Erkenntnis von Gut und Böse* isst, erwirbt man sich ein analytisch-mentales Bewusstsein, dieses kann gut unterscheiden, einordnen, selektionieren, aber es ist nicht fähig, wirkliches Wissen zu erwerben im Sinne von direktem Wahrnehmen. Dazu braucht es eine andere Art von Baum: den *Baum der reinen Erkenntnis* – den Baum der Gnosis, das, was in Indien mit *Jnana* ausgedrückt wird. Auf dieser höheren mentalen oder bereits übermentalen Bewusstseinsstufe kann Wissen in direkter Weise – durch Intuition, Inspiration oder durch Identifikation, Einssein – empfangen werden.

F. Die reine Erkenntnis ist also nicht das Gleiche wie die in der Genesis erwähnte Erkenntnis von Gut und Böse. Dadurch wird klar, dass die analytische Denk-Tätigkeit nicht die höchste mentale Fähigkeit ist.

M. Ja, es gibt noch höhere mentale Fähigkeiten. Bei dem Satz im Kapitel 3,5: „*... an dem Tage, da ihr davon esst, werden eure Augen aufgetan, und ihr werdet sein wie Gott und wissen, was Gut und Böse ist*", müsste eigentlich das *Gut und Böse* am Ende des Satzes gestrichen werden. Dann würde der Satz so enden: „*... ihr werdet* *sein wie Gott und wissen.*"Das entspräche dann der reinen Erkenntnis, der Gnosis!

F. Wenn man es so versteht, wird alles klar und transparent.
Nun geht es weiter [Kap. 3,6]: „Und die Frau sah, dass von dem Baum gut
zu essen wäre, und dass er eine Lust für die Augen wäre und verlockend,
weil er klug machte."

M. Weil er *weise* machte.

Da wurden ihnen beiden die Augen aufgetan

F. Dann steht im Kapitel 3,6: „Und sie nahm von seiner Frucht und aß
und gab ihrem Mann, der bei ihr war, auch davon und er aß. Da wurden
ihnen beiden die Augen aufgetan, und sie wurden gewahr, dass sie nackt
waren."
Da ist doch der letzte Satz auch wieder nicht in sich stimmig, oder?

M. Ja, wenn einem die Augen aufgetan werden, wenn man erleuchtet wird, fühlt man sich nicht nackt, sondern von Seligkeit umhüllt, von Seligkeit durchdrungen! Wenn man aber Gut und Böse trennt, wenn man bewertet, urteilt, abgrenzt, verliert man die Verbindung zum Ganzen: damit trennt man sich im Bewusstsein von der Hülle der Seligkeit und fühlt sich nackt,

F. arm an Seligkeit,

M. nicht mehr all-eins, sondern mutterseelen-allein.

Tierfelle

F. Weiter unten im Text steht [Kap. 3,21]: Und Gott der Herr machte Adam und seiner Frau Röcke von Fellen und zog sie ihnen an. Wie soll man das nun verstehen?

M. Die Tierfelle waren im alten Ägypten ein Symbol für den physischen Körper. Es gibt eine Hieroglyphe, die uns drei an einem Stern aufgehängte Tierhäute zeigt. Diese Hieroglyphe hieß ‚Geburten‘ – stets im Plural. Die Zahl Drei steht für viele / Vielheit. Für Geburt, im Singular, hatten die Ägypter keine Hieroglyphe. Wir meinen, es würde genügen, jedem Menschen *einen* Körper zu machen, aber es sind Tierfell*e*.

Hieroglyphe ‚Geburten‘

F. Da bekommt man also gleich mehrere ‚Häute‘, eine ganze Garderobe für die zukünftigen Leben mit. Dies wollten die alten Ägypter mit dem Plural ‚Geburten‘ wohl ausdrücken. Und die Juden haben während ihres Aufenthalts in Ägypten solche Dinge vielleicht mitbekommen?

M. In früheren Zeiten, bevor die Genesis aufgeschrieben wurde, wussten die Menschen, dass sie fünf Häute hatten, die – wie schon erwähnt – in Indien Koshas genannt wurden: unsere physische Haut ist die kleinste Hülle, unser Atem- und Energiekörper ist etwas größer, die mentale Hülle noch größer, die Hülle der reinen Erkenntnis, der Gnosis wiederum größer, und die größte aller Hüllen ist der Kausalkörper, die Hülle der Seligkeit, eine Hülle, die nur Seligkeit wahrnimmt.

F. Die Seele ist also größer und umfassender als alle anderen Hüllen: Im Christentum ist das umgekehrt gesehen, da herrscht die Vorstellung, dass die Seele im Körper ist.

M. Hat die Seele eine Begrenzung? Kannst du mir zeigen, wo sie zu Ende ist?

F. Nein, natürlich nicht.

M. Das, was wir Seele nennen, kann viel eher als ein Kraftfeld gesehen werden, das immer wieder – von Leben zu Leben – Partikel aussendet und sich einen neuen Körper baut, immer ein bisschen mehr dem Bilde Gottes gleichend, das die Elohim dem Menschen als inneres Programm, als sogenannte *Real-Idee** – wie Sri Aurobindo es ausdrückt – mitgegeben haben. *„Lasset uns den Menschen machen nach unserem Bilde."* Seitdem basteln die Elohim immer noch an ihm herum.

F. Die Hülle der Seligkeit entspricht in der Genesiserzählung also dem Bild Gottes im Menschen. Können wir zu den anderen vier Hüllen auch noch Vergleiche in der Genesis finden?

M. Es wird erwähnt, dass der Mensch aus *Staub von der Erde* gemacht wurde; damit ist der physische Körper gemeint. Dann wird dem Menschen der *Odem des Lebens* eingeblasen, das entspricht dem Atem- und Energiekörper. Dann isst der Mensch vom Baum der *Erkenntnis von Gut und Böse,* damit ist die mentale Hülle gemeint.

F. Und wo ist jetzt die vierte Hülle, die der reinen Erkenntnis, des direkten Wahrnehmens?

M. Die wird in der Genesis ab und zu angetönt, z. B. wenn von dem Baum die Rede ist, dessen Früchte einem die Augen aufgehen lassen, so dass man wissend wird. Damit ist ein ganz anderes Wissen gemeint als die ‚Erkenntnis von Gut und Böse'. Die mentale Hülle und die Hülle reiner Erkenntnis werden in der Genesis vermischt.

146

F. Sass nicht auch Buddha unter dem Baum ‚reiner Erkenntnis' und erlebte das Einssein, die Erleuchtung?

M. Ja, und die sich über ihn erhebende Schlange ‚Mucalinda' beschützte ihn mit ihrer siebenköpfigen Haube vor den feindlichen Kräften, vor Sturm, Kälte und Regen, wie es in der Symbolsprache malerisch ausgedrückt wird. Baum und Schlange gehören auch hier zusammen.

F. Könnte man diese sich über Buddhas Haupt erhebende Schlange auch als die in ihm wirkende Kundalini-Energie* deuten?

M. Ja. Bei den meisten Menschen bleibt diese „zusammengerollt" im untersten Energiezentrum. Wenn sie sich aber ausrollt und aufsteigt, werden die Energiezentren, die Chakren mit Kraft, Wissen, Seligkeit erfüllt. Diesbezüglich kann auch die sich erhebende Schlange als ein Bild für Erleuchtung gesehen werden.

Der Paradiesgarten

F. Über den Paradiesgarten lesen wir im Kapitel 2,5: „... und kein Mensch war da, der das Land bebaute." Dann, ein paar Sätze weiter heißt es [Kap. 2,8]: „Und Gott der Herr pflanzte einen Garten ... und setzte den Menschen hinein." Und im Kapitel 2.15 steht: „Und Gott der Herr nahm den Menschen und setzte ihn in den Garten Eden, dass er ihn bebaute...".

M. Mit dem Menschen, der das Land bebauen soll, ist also nicht der Jäger und Sammler oder der mit seiner Herde umherziehende Hirte gemeint, sondern der spätere Ackerbauer, Landarbeiter, Gärtner. Mit der Bezeichnung ‚Garten' ist auch nicht eine unberührte Landschaft, eine wilde Steppe oder ein Regenwald aus den Urzeiten gemeint, sondern eher ein abgegrenztes Grundstück. Das zeigt uns, dass der Schöpfungsbericht in einer Epoche aufgeschrieben wurde, in der es bereits Landeigentümer gab, die für ihre Landarbeiter,

Bauern oder Gärtner Regeln und Vorschriften aufstellten. Wie heißt es im Text?

F. „Und Gott der Herr gebot dem Menschen und sprach: Du darfst essen von allen Bäumen im Garten, aber von dem Baum der Erkenntnis des Guten und Bösen sollst du nicht essen, denn an dem Tage, da du von ihm isst, musst du des Todes sterben.“ [Kap. 2,16]

M. Solche Gebote passen nicht zum Paradiesgarten, nicht zur Goldenen Zeit, wo die ganze Welt als ein einziger Baum empfunden wurde und keine Vorschriften notwendig waren.

F. Dann wird erzählt, dass Gott der Herr in der Kühle des Abends im Garten spazieren ging und den Adam rief, der sich versteckt hielt, weil er nackt war und sich fürchtete. Schließlich gestand er, vom verbotenen Baum gegessen zu haben, worauf der ‚Großgrundbesitzer‘ wütend wurde und die Schlange, Eva und Adam verfluchte.

Die Vertreibung aus dem Paradies

M. Und was sagte ‚Gott der Herr‘ zu Adam?

F. „Weil du gehorcht hast der Stimme deiner Frau und gegessen von dem Baum, von dem ich dir gebot und sprach: Du sollst nicht davon essen –, verflucht sei der Acker um deinetwillen! Mit Mühsal sollst du dich von ihm nähren dein Leben lang. Dornen und Disteln soll er dir tragen, und du sollst das Kraut auf dem Felde essen. Im Schweiße deines Angesichts sollst du dein Brot essen, bis du wieder zu Erde wirst, davon du genommen bist. Denn Staub bist du und zum Staub kehrst du zurück.“ [Kap. 3,17]

M. Das geschah also zu einer Zeit, als der Mensch – durch seine eigene Bewusstseinsveränderung – aus dem Paradies-Zustand hinausgeschmissen wurde, bzw. sich selbst hinausgeschmissen hat. Im ersten Kapitel wird noch gesagt: *„Und Gott sah, dass es gut war“*... *„Und Gott schuf den Menschen zu seinem Bilde ...; und schuf sie als Mann und Frau.“* Diese Aussagen stammen noch aus dem Goldenen

Zeitalter. Nun aber wird alles wie umgedreht gesehen: Der Mensch ist nur noch Staub, Materie, vergänglich.

F. Es hat den Anschein, dass hier wirklich der Typus des Großgrundbesitzers spricht –

M. – oder auch der Typus des Priesters, der dem Bauern erklärt, dass man gehorchen muss, dass man an dem Tag so viel Korn abliefern muss und zu jenem Tag so viel Brot in den Tempel tragen soll etc. Das ist das typische Buch eines Priesters, es wird ja Priesterschrift genannt. Jedenfalls ist es ein Buch der Zeitenwende – vom Bewusstsein der Zusammengehörigkeit zum Bewusstsein der Trennungsbewegungen.

F. Das heißt, hier kann man aus der Art der Darstellung schließen, zu welcher Zeit das verfasst worden ist, welche psychologische und geschichtliche Situation es darstellt: die Zeit, als der Bauer im Schweiße seines Angesichts Landbau betrieb und sein Brot hart verdienen musste.

M. Ja. Und parallel zu dieser Verfluchung des Mannes kommt jetzt auch die Verfluchung der Frau, denn diese hat dem ‚Großgrundbesitzer‘ oder dem ‚Priester‘, oder wer da vorher gesprochen hat, keineswegs gehorcht, im Gegenteil, sie hat den Gärtner, den Bauern in Versuchung geführt. Und es ist ein schweres Verbrechen in der sozialen Geschichte der Menschheit, die Bauern aufzuwiegeln. Und nun stellt sich auch heraus, dass die Frau nicht denselben Gott wie Adam hatte, sondern die Schlange. Diese hat mit ihr gesprochen, während der Großgrundbesitzer nie das Wort an sie gerichtet hat, sondern immer nur gesagt hat: „*Sag deiner Frau...*“. Jedes Mal, wenn der Großgrundbesitzer spricht – in den gesamten fünf Büchern Mose –, wendet er sich nur an den Mann. Das ist typisch patriarchalisches Gehabe.

F. Und wie Sie früher schon erwähnten, ist die Schlange das Symbol für Energien, für die vibrierende Wellenrealität, also auch ein Symbol für die Wasser, die weiblich gedacht waren.

M. Ja. Man könnte auch sagen, die Frau hatte die große Mutter als Gottheit. Sie hat den patriarchalischen Gott Adams nicht anerkannt, hat das Gebot eines getrennt von der Schöpfung gedachten Gottes nicht befolgt, sondern auf ihr inneres Gebot, ihr ‚Sva Dharma' gehört. Und Jahwe hat dann gerade das Mütterliche in der Frau verflucht. Wie steht es im Text?

F. „Ich will dir viel Mühsal schaffen, wenn du schwanger wirst; unter Mühen sollst du Kinder gebären. Und dein Verlangen soll nach deinem Mann sein, aber er soll dein Herr sein." [Kap. 3,16]

M. Das war bis vor kurzer Zeit noch so. Als die Frauen entdeckten, dass man durch Atemtechniken und ähnliches auch ziemlich schmerzfrei gebären kann, als im 19. Jh. die ersten Geburten unter Narkose stattfanden, gab es in der konservativen Priesterschaft Widerstand dagegen; das sei gegen das Gebot Gottes. Das war schon im Mittelalter so: Als die weisen Frauen, die Hebammen mit ihrem geheimen Wissen den Müttern die Geburt etwas zu erleichtern versuchten, wurde das von der Kirche als eine Versündigung interpretiert und die ‚Sages-femmes' zu Tausenden als Hexen verurteilt und verbrannt. Ihr altes Wissen – auch über Hilfen zur Geburtenregelung – war den damaligen Priestern und politischen Herrschern ein Dorn im Auge. Ihr Volk sollte sich vermehren und stark sein.

F. Ja, ein Volk sollte viele Nachkommen haben, damit es sich auch militärisch verteidigen konnte.

M. Im alten Ägypten gab es einen Spruch, den die damaligen Geburtshelferinnen, wenn die Geburt sich verzögerte oder schwer war, anwendeten: „Kleine Schlange komm heraus." Das Kind wurde dadurch an seine Schlangennatur erinnert, es sollte sich rausschlängeln. In diesem Spruch erscheint also wieder die Schlange, die andere Gottheit.

150

F. Jahwe verflucht auch noch die Schlange, es ist der längste Fluch [Kap. 3,14]: Da sprach Gott der Herr zu der Schlange: Weil du das getan hast, seist du verflucht vor allem Vieh und allen Tieren auf dem Felde. Auf deinem Bauche sollst du kriechen und Staub fressen dein Leben lang. Und ich will Feindschaft setzen zwischen dir und der Frau und zwischen deinem Samen und ihrem Samen; er wird dir den Kopf zertreten, und du wirst ihn in die Ferse stechen.

M. Sehr malerisch wird die ‚Liebe Gottes‘ hier dargestellt! Im ersten Kapitel war die Schöpfung mit all den Tieren noch gut und schön: *"Und Gott sah, dass es gut war."* An den Flüchen im dritten Kapitel können wir erkennen, wie sich das Bewusstsein änderte, und wie bestimmte alte Auffassungen nun sogar bekämpft wurden.

F. Vielleicht war hie und da ein aus Ägypten mitgebrachtes Wissen dabei, das nun bekämpft wurde, denn Ägypten war den Israeliten verhasst. Jedenfalls wird jetzt Feindschaft zwischen Frau und Schlange gesetzt, um sie auseinander zu bringen.

M. Das zeigt uns: von da an wendet sich die Zeit. Alles wird negativ gesehen, wird auf das religiöse Minimum reduziert, alles wird antagonistisch. Von jetzt an gibt es Streit und Krach. Nur eine Menschheit, die mit sich selbst nicht einig ist, kann solch einen bestrafenden, zu fürchtenden Gott schaffen.

*F. Das wird auch am Ende des dritten Kapitels 3,22 deutlich: „Und Gott der Herr sprach: Siehe, der Mensch ist geworden wie unsereiner und weiß, was gut und böse ist. Nun aber, dass er nur nicht ausstrecke seine Hand und nehme auch von dem Baum des Lebens und esse und lebe ewiglich."
Aus dieser Aussage spricht doch Eifersucht und Sonderung?*

M. Ja. Der Weg zum Baum des Lebens wird nun bewacht vom *„Cherubim mit dem flammenden, blitzenden Schwert"* [Kap. 3,24]. Das Schwert kann als ein Sinnbild gesehen werden für unser eigenes analytisches, trennendes Denken, mit dem wir die Einheit des Seins

...r wieder entzweischneiden, was uns daran hindert, mit dem ...um des Lebens eins zu sein und im Paradies zu leben.

F. Wir sehen also, aus welchem Geist die Texte der Genesis geschrieben worden sind.

M. Aus diesen Texten spricht der analytische Menschengeist – mit einigen eingeschobenen Aussagen und Bildsymbolen aus einer älteren Zeit.

Nackt sein und Schürze aus Feigenblättern machen

F. Die Aussagen mit dem Nacktsein habe ich noch nicht ganz verstanden. Im Kapitel 2,25 heißt es: „Sie waren beide nackt, der Mensch und seine Frau, und sie schämten sich nicht." Im Kapitel 3,7 steht dann aber: „... sie wurden gewahr, dass sie nackt waren und machten sich Schürze aus Feigenblättern", und im Kapitel 3,10 sagt Adam zu Gott: „...denn ich bin nackt, darum versteckte ich mich." Wie ist das jetzt zu verstehen?

M. Der erste Satz gehört noch zur Goldenen Zeit, da fühlte sich der Mensch von Seligkeit umhüllt – von seiner *Glückshaut*, dem *Goldenen Vlies*, dem *corps glorieux**, oder wie immer man es nennen will –, weil er in der Einheit des Seins lebte. Der Satz in Kapitel 3,7 zeigt uns dann die Veränderung im Bewusstsein des Menschen. Durch Trennungsbewegungen schnitt er sich von der großen Baumheit ab. Er fühlte sich dadurch psychologisch nackt, weil ihm die Hülle der Seligkeit fehlte. Mit abgerissenen Feigenblättern versuchte er sie zu ersetzten, aber das waren nur noch Teile, nicht mehr das Ganze.

F. Ist das Feigenblatt nicht auch ein altes Symbol für die Sexualität? Offenbar hat der Mensch damit auch Probleme bekommen, obwohl sie doch zur Seligkeit dazugehört.

M. Aber er spürte vielleicht, dass sie nur ein Teil, ein *Blatt* des Baumes und nicht der *ganze* Baum war.

F. Sie erschien ihm also nur noch wie ein Abglanz dessen, was er einmal hatte. Er fühlte sich verarmt.

M. Ja. Nun ist es so, dass der Schritt in das mentale, analytische Bewusstsein für die Evolution wohl notwendig war, um gewisse Dinge auszuarbeiten. Die Schlange hat Eva ja dazu geraten. Das Unterscheiden-Können und logische Denken und Analysieren sind Funktionen, die der Mensch da, wo sie hilfreich sind, ruhig anwenden soll. Sie sind weder gut noch schlecht. Es gibt an sich nichts Falsches, nur Funktionen, die nicht an ihrem Platz sind. Aber es gilt, Vorsicht walten zu lassen. Man darf das analytische mentale Bewusstsein nicht überall anwenden, sonst kann es vergiftend wirken.

F. Es gilt also zu unterscheiden, wo Trennungsbewegungen angebracht sind und wo nicht.

M. Falsch angewendet, können sie verheerende Folgen haben wie z. B. die Verächtlichmachung der Frau, die patriarchalisch strenge Erziehung des Kindes, die schlechte Behandlung der Tiere, der Natur. All das hat dem Menschen nicht Glück, sondern große Schwierigkeiten gebracht.

F. Wie können wir das wieder heilen?

Richtet nicht, auf dass ihr nicht gerichtet werden

M. Heilen kommt von heil machen, ganz machen. Dazu tragen Bewegungen des Vereinens, des Integrierens bei. Wenn wir uns selbst beobachten, merken wir, wie oft wir in unseren Gedanken andere Personen bewerten, kritisieren, über sie urteilen. Eine erste Übung kann also sein: *„Richtet nicht, auf dass ihr nicht gerichtet werdet"*, wie Jesus rät [Matthäusev. 7,1-2]. Wir kennen ja meist nur einen kleinen Ausschnitt von einer Person und sehen nicht das ganze Bild, sehen aus einem Leben nur einen kleinen Teil und nicht auch die Leben vorher und nachher. Wie können wir da urteilen? Dennoch liebt unser mit dem Ego verbundenes, analytisches Mental dieses Richten und Urteilen. Aber im Grunde können wir nur uns selbst richten. Mit dem gleichen Bewusstsein, mit dem wir andere klein schneiden, schneiden wir auch uns klein.

F. Die Übung heißt also, zuerst einmal seine Gedanken zu beobachten, und dann jene des Richtens und Kritisierens wegzulassen. Carlos Casta-ñeda* spricht in diesem Zusammengang in seinen Werken vom Reinigen des Tonals und meint wohl das Gleiche?

M. Ja. Gedanken sind Schwingungen, sie stehen mit der gesamten Noosphäre in Verbindung und kehren von dort wieder in irgendeiner ähnlichen Schwingung zu uns zurück. Im alten Ägypten wurde dies mit dem Symbol zweier sich kreuzender Pfeilbogen oder zweier sich kreuzender Pfeile der großen Mutter ‚Neith‘ dargestellt.
Jeder Pfeil, den wir in die Welt hinausschießen, kehrt von dort auch wieder zu uns zurück.

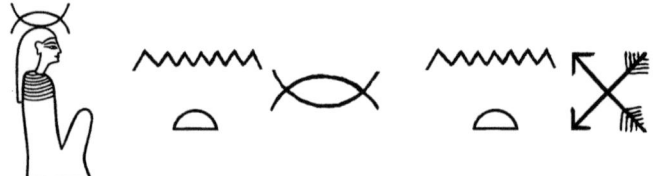

Der Name der großen Mutter Neith wurde mit zwei sich kreuzenden
Pfeilbogen oder zwei sich kreuzenden Pfeilen geschrieben.

F. Jede von uns ausgehende Aktion hat also eine Art Echo-Aktion zur Folge?

M. Ja, letztlich können wir immer nur uns selbst wehtun – uns selbst richten.

F. Jesus sagt: „Richtet nicht, auf dass ihr nicht gerichtet werdet", aber irgendwie passt das gar nicht zur Idee des Weltgerichts, bzw. des Jüngsten Gerichts, von dem im Matthäusevangelium berichtet wird [25,31-46].

154

M. Die Idee von einem Weltgericht oder Jüngsten Gericht stammt auch gar nicht von Jesus, sondern gehört zur Seelenlehre des griechischen Philosophen Platon. Diese wurde von der Kirche später übernommen. Zum Beispiel ist in Platons Werk *Politeia* zu lesen von Öffnungen, die in die Erde und in den Himmel führen, und dazwischen würden Richter sitzen, die, nachdem sie ihr Urteil gesprochen, den Gerechten mitteilen, dass sie den Weg rechts in den Himmel nehmen dürfen, den Ungerechten aber befehlen, den Weg links nach unten zu gehen. Der Evangelist Matthäus hat das dann ausgemalt, und den Menschensohn mit einem Hirten verglichen, der die Schafe auf seine rechte Seite, die Ziegen auf seine linke Seite nimmt, und zu den einen sagt: *„Kommt, ihr Gesegneten, nehmt in Besitz das Reich…"*, und zu den andern: *„Hinweg von mir, ihr Verfluchten, ins ewige Feuer…"* [Matthäusev. 25,34]. Das passt absolut nicht zu Jesus, der selbst nie von einem Welt- oder Endgericht gesprochen hat, und kein Richter sein wollte [Lukasev. 12,13-14 und Thomasev. Log. 72]. Und dennoch ist diese Idee durch die Jahrhunderte hindurch im Christentum erhalten geblieben, weil sie dem mentalen Trennungs-Denken der letzten 2500 Jahre entsprochen hat.

F. Auf wie vielen Bildern und Steinskulpturen und sogar in der Literatur ist diese furchtbare, endzeitliche Scheidung der Schafe und Böcke noch anzutreffen. Im mittelalterlichen Hymnus ‚Dies irae' ist zu lesen: „Bei den Schafen gib mir Weide / Von der Böcke Schar mich scheide / Stell mich auf die rechte Seite".*

M. Dieses Scheiden ist tief im Unterbewussten der Kirche verankert.

F. Die Frage taucht auf, ob die Idee eines Gerichts auch aus Ägypten gekommen sein könnte, denn dort sieht man ja oft Abbildungen einer Waage, auf deren einen Waagschale das Herz eines Verstorbenen mit einer Feder auf der anderen Schale gewogen wird.

M. Die Feder ist ein Symbol für Wahrheit, im alten Ägypten ‚Maat‘ genannt. Der eine Mensch ist schon erfüllt von Wahrheit, der andere noch kaum, und dennoch sind bei all den Waage-Szenen die beiden Waagschalen immer auf gleicher Höhe zu sehen – immer waagrecht –, aus dem einfachen Grund, weil das Wägen des Herzens ein Lehrsymbol darstellt, eine psychologische Übung, die bereits der Lebende beachten und üben soll. Die Ausführenden des Wägens – Anubis und Toth – sind nicht außerhalb der Person stehende Richter, sondern Seelenkräfte, Archetypen der gewogenen Person selbst, die ihr helfen wollen, die Wahrheit, die seelische Leichtigkeit zu finden, und das innere Gleichgewicht in sich aufrecht zu halten.

Diese eher humorvoll dargestellte Szene ist nicht zu vergleichen mit der Strenge und Ausschließlichkeit eines Endzeit-Gerichts, wo auf der einen Seite ewige Verdammnis, auf der anderen Seite ewige Seligkeit auf uns wartet. Die *endgültige* Scheidung der Guten und Bösen macht das Endgericht so schrecklich und furchterregend.

Im alten Ägypten gab es kein Wort für die Bösen, sie wurden einfach *Unwissende* genannt und als *Gebundene* dargestellt – gebunden an ihre Unwissenheit, ihre beschränkten Gewohnheiten.

F. Die Waage erscheint ja auch auf christlichen Darstellungen des Jüngsten Gerichts, aber dort hängt sie stets schief.

M. Ja, das Christentum hat sich das Bild der Waage angeeignet, aber statt des Herzens wirst jetzt du als ganze Person von Richtern auf die Waage gelegt, und statt der Feder der Wahrheit, dem Symbol für seelische Leichtigkeit, kommt nun der Urteilsspruch: *Gewogen und für zu leicht befunden* [vgl. Buch Daniel 5.27]. Daran lässt sich erkennen, dass die Schwere und der Ernst des Egos dominant wurden. Leichten Sinns zu sein, wurde negativ gewertet. Noch heute hat das Wort ‚leichtsinnig‘ einen negativen Beigeschmack.

F. *Auf allen christlichen Bildern des Jüngsten Gerichts stehen die Waagen schief.*

M. Und auf allen ägyptischen Papyri und Tempelwänden stehen die Waagen horizontal, das kommt noch aus der Goldenen Zeit, einem Zeitalter, wo alles noch im Gleichgewicht war.

F. *Auch die Waagen der Justitia standen im Mittelalter und in der Neuzeit schief.*

M. Das einst heilende Lehrsymbol wurde verdreht, genauso wie dasjenige des *Lichtbades*.

Wir sehen ein Quadrat mit Wellen und rund herum acht Tempelleuchter, deren heiliges Licht das Bad füllt; es ‚tröpfelt‘ hinein. Es sind nicht lodernde Flammen, die aufzehren und verbrennen, sondern Lichtschwingungen, die erfrischen, reinigen, erneuern, erleuchten. Neben den Leuchtern sitzen acht Paviane. Sie wurden ‚Hüter der Geheimnisse auf dem Weg‘ genannt. Sie lehren im Schweigen, sitzen in vollkommenem Gleichgewicht. Das alte Wissen wird nicht mit Worten gelehrt, sondern im Schweigen. Die Ägyptologen haben dieses Bild mit ‚Feuersee‘ übersetzt. Und auf christlichen Bildern der Gerichtsszene sieht man dann, wie die Verurteilten im Pech brutzeln. Der Dichter Dante hat dazu geschrieben: „Ihr, die ihr hier eintretet, lasset alle Hoffnung fahren!“ [Inschrift auf dem Tor zur Hölle in *Die Göttliche Komödie*, dritter Gesang, Vers 1–9]. Ewige Verdammnis wartet, da gibt es keine Hoffnung mehr. Jahrhundertelang versetzten diese krankmachenden Vorstellungen eines flammenden Infernos die Menschen in

Angst und Schrecken. Wir müssen sie als Verdrehungen erkennen, ausgelöst durch ein einseitig analytisches Denken.

Wenn ihr aus den Zwei eins macht

M. *„Richtet nicht"*, damit wollte Jesus über das dualistische Denken hinausführen. Seine Hauptbotschaft war: *„Wenn ihr aus den Zwei eins macht, werdet ihr Söhne des Menschen werden."* Das können wir als eine Übung des Vereinens nehmen.

F. *Aus den Zwei eins machen darf aber wohl nicht als ein ‚Alles-gleich-machen' aufgefasst werden, im Sinne einer monotonen Vereinheitlichung?*

M. Natürlich nicht. Jesus hätte auch formulieren können: *„Wenn ihr das, was ihr als Zwei seht, wieder als Ganzes wahrnehmen könnt, werdet ihr Söhne des Menschen werden".* Wir haben noch das schöne Wort *Uni*-versum –

F. *– alles als zum Universum, als zum einen großen Baum dazugehörend wahrnehmen, die Vielheit als Ganzheit. Solche Gedanken des Integrierens können uns also helfen, aus der Enge des gewohnten Gegensatz-Denkens hinauszukommen.*

M. Auf der Medaille des Quantenphysikers Niels Bohr ist zu lesen: *„Contraria sunt complementa"* – Gegensätze sind Ergänzungen.

F. *Das ist auch eine Art Leitsatz, den man sich stets in Erinnerung rufen kann.*

M. Die Art unseres Denkens ist sehr wichtig: Bewegungen des Vereinens, des Integrierens führen zur Seligkeit. Statt z. B. ein Problem nur aus einem egozentrischen Blickwinkel zu sehen und zu beurteilen, können wir versuchen, es von allen Seiten her und aus einer höheren Bewusstseinsebene – *universal* – zu betrachten, so dass wir den ganzen ‚Baum' wahrnehmen, nicht nur eine isolierte Frucht oder ein abgerissenes Feigenblatt.

Ich bin das A und Ω

M. Eine andere schöne Übung des Vereinens liegt in der Aussage von Jesus: *„Ich bin das Alpha und das Omega.“*

F. Ja, *„Ich bin der Anfang und das Ende“* oder *„Ich bin der Erste und der Letzte.“*

M. Jesus hat bei dieser Identifikation wohl nicht nur an den ersten und letzten Buchstaben des griechischen Alphabets gedacht, sondern an die tiefere Bedeutung, die in diesen Zeichen noch enthalten ist: Im Alpha – wie auch in unserem Buchstaben A – ist die ägyptische Hieroglyphe ‚Hacke‘ noch zu erkennen, sie bestand aus zwei Stöcken, die gut zusammengebunden werden mussten, damit man mit ihr das Feld bearbeiten konnte. Dieses Zusammenbinden wurde zu einem Symbol für *Liebe*.

F. Und das Omega?

M. Im Buchstaben Omega kann man noch zwei von Oben kommende Arme erkennen. Das war im alten Ägypten ein Symbol für *Umarmung*, für göttlichen *Schutz*: Sich in allen Lebenssituationen behütet fühlen, beschützt – wie von mütterlichen Armen umgeben. Auf vielen ägyptischen Bildern kommt das zum Ausdruck. Und Jesus ist ja in Ägypten aufgewachsen und hat solche Hieroglyphen sicher noch gekannt.

F. Kann ich eine so schöne Aussage wie „Ich bin die Liebe und die Umarmung" auch auf mich übertragen – quasi als Identifikations-Übung?

M. Ja natürlich, als das sind sie gedacht. Es gibt ja von Jesus noch andere Leitsätze, wie z. B. *„Ich bin das Leben", „Ich bin der Weg", „Ich bin die Wahrheit"* [Johannesev. 14,6]. Jesus hat nicht exklusiv für sich beansprucht, das Leben, der Weg, die Wahrheit, die Liebe zu sein. Jeder soll das auch von sich sagen dürfen – und üben, es zu sein. In Indien werden solche Lehrsätze *Mahā-vākya** genannt und dem Sucher der Wahrheit als Übungen des Vereinens mitgegeben.

Leben und Tod – zwei oder eines?

F. Wenn Jesus sagt: „Ich bin das Leben", dann impliziert das irgendwie, dass er Leben und Tod – die für uns zwei sind – zu einem gemacht hat. Aber wie können wir selbst das realisieren?

M. Eine Übung ist der Schlaf, der ja bei den Griechen *Bruder des Todes* genannt wurde. Jede Nacht erleben wir eine Art Tod: Wir verlieren unser Bewusstsein, wir fallen in Unbewusstheit. Wir können aber üben, unser Selbst-Gewahrsein auch während des Schlafs zu bewahren, dann wird unser Schlaf bewusst werden. Unser Leben, unser Bewusstsein wird nicht mehr jede Nacht von einer Art Nicht-Existenz unterbrochen sein, auch dann nicht, wenn wir den physischen Körper ablegen.

F. Leben und Tod oder Wachsein und Schlaf sind also keine Gegensätze, und auch nicht Polaritäten –,

M. es sind verschiedene Wirklichkeitsbereiche. Wir können auch sagen, es sind verschiedene Grade, Stufen, Intensitäten des *einen* Bewusstseins, des einen umfassenden Lebens.

F. Das erinnert mich jetzt daran, dass auch für die Physiker z. B. Kälte und Wärme nicht Gegensätze sind, für sie gibt es einfach verschiedene Grade von Wärme.

M. Ja. Und so gibt es auch innerhalb des mentalen Bewusstseins verschiedene Grade*: das von Sinneseindrücken oder von Emotionen beeinflusste mechanische Denken, das logische, intellektuelle, gradlinige Denken, das intuitive Empfangen von Gedanken…, das sind verschiedene Grade oder Stufen innerhalb des mentalen Bewusstseins. Und laut Sri Aurobindo gibt es über dem Denkbereich noch höhere Stufen, die er *übermentales* und *supramentales Bewusstsein** nennt. An den Aussagen von Jesus können wir erkennen, dass dieser von einer höheren Bewusstseinsebene her gesprochen hat.

F. Könnten wir den Tod einfach als die unterste Stufe des einen Bewusstseins, des einen Lebens sehen? In einem Ihrer Aphorismen steht, dass Null-Seligkeit auch Seligkeit sei, aber die unterste Stufe davon.*

M. Ja. Das Schöne ist, dass die höheren Bewusstseinsstufen bereits in uns involviert sind, und ein großer Lehrer wie Jesus versucht, diese in seinen Schülern zu evozieren. Das Wissen ist bereits in uns, aber es muss wachgerufen werden, *ausgerollt* werden: Das geschieht durch Evolution – und durch unser Mitwirken, unser in Resonanzsein mit der Absicht der Evolution.

Übungen des Vereinens im Alltag

F. Kann ich bei den täglichen Verrichtungen auch irgendwie Übungen des Vereinens anwenden? Wie lässt sich z. B. beim Kartoffel-schälen solch eine Übung vollziehen?

M. Statt die Kartoffel nur als ein Ding zu sehen, kannst du in ihr die Energie der Sonne wahrnehmen, die du absorbieren möchtest: das ist dann eine ganz andere Art des Sehens und Denkens.

F. Die banalste Verrichtung kann also durch eine kleine Bewusstseinsbewegung eine ganz andere Dimension bekommen.

M. Ja, sie ist nicht mehr seelenlose Routine.

F. Ich kann also im Alltag üben, mich im Umgang mit Dingen daran zu erinnern, dass sie alle zu dem einen Baum des Lebens gehören,

M. und dass alle Dinge und Wesen Schwingungen, Energien sind, wie Einstein so schön in seiner Formel $E = mc^2$ sagt: Wenn eine Masse mit der Lichtgeschwindigkeit im Quadrat multipliziert wird, ist sie reine Energie. Es geht beim Üben also darum, den Dingen das *nur* Dingliche zu nehmen und sich stets daran zu erinnern, dass das Materielle ebenso Schwingung, Energie, Bewusstsein ist. Wenn Du das immer im Blick hast, entsteht ein ganz anderes Umgehen mit den Dingen. Du lebst in der Welt der Energien. Jetzt kannst du den Deckel, die Trennungen in Deinem Bewusstsein wegnehmen. *„Ich und mein Vater sind eins"*, sagt Jesus.

F. Kann ich diesen Satz auch als eine Übung des Vereinens nehmen?

M. Ja, sich und seinen Ursprung als eins sehen, sich immer inniger mit ihm vereinen, immer bewusster verbinden – in allen Situationen.

F. Wenn ich denke, dass etwas nur Materie ist, lege ich einen Deckel auf mein Bewusstsein. Dann ist die Welt geteilt, ich nehme nur eine Seite der Wirklichkeit wahr. Dann habe ich nur eine Kartoffel, nur einen Topf, nur einen physischen, vergänglichen Körper etc.

M. - Ja. Und wenn du dieses *nur* – dieses Feigenblatt – nun auch von der Sexualität wegnehmen kannst, bekommt diese auch wieder eine andere Dimension. Die Begrenzung, das Feigenblatt, der Deckel fällt auch da weg.

F. Das erinnert mich jetzt an eine Stelle in der Genesis [Kap. 4,1], wo es heißt: „Und Adam erkannte sein Weib Eva, und sie ward schwanger." Der Ausdruck erkennen deutet auf eine viel tiefere, umfassendere Begegnung in der Sexualität hin.

M. Da begegnen sich nicht *nur* der Körper und das Vitale, sondern alle fünf Hüllen unseres Seins.

162

Epoche der Umwandlung

M. Wir haben gesehen, wie aus dem ursprünglichen Symbolbild der Zusammengehörigkeit von Schlange, Baum, Adam und Eva [siehe S. 104] in späteren Jahrhunderten eine religiöse Erzählung voller Trennungen wurde.

Hinter dem Gebot, die Frucht nicht zu *essen*, stand ursprünglich einfach die Warnung oder der Hinweis, die Frucht – sich selbst – vom Baum des Seins nicht zu *trennen*, weil das die Gefahr in sich birgt, die Seligkeit zu verlieren, aus dem Paradies geworfen zu werden, sich isoliert zu fühlen. Es ist eine psychologisch krankmachende Vorstellung, sich einen Gott zu denken, der von einem selbst getrennt ist –

F. – und dir zunächst alles schön zu machen scheint, dann aber einen ,Fallstrick' legt: Er pflanzt in den Garten einen Baum mit Früchten, die man nicht essen darf. Er legt die Begehrlichkeit in dich hinein, und gleichzeitig gibt er dir ein Verbot. Und der ganze Sport des Weltalls liegt nun darin, zu sehen, ob der Mensch das Verbot einhalten und gehorchen kann. Wenn ja, kommt er nach seinem Leben in den Himmel, wo er selig sein kann; wenn nicht, wartet die ewige Hölle und Verdammnis auf ihn. Diese Vorstellung ist wirklich krankmachend.

M. Die Seligkeit wird im mental-rationalen Bewusstsein immer auf ein *Nachher* verlegt, als eine Belohnung für das vorherige Einhalten von religiösen Regeln.

F. Merkwürdig, dass die Evolution solche Entgleisungen im Bewusstsein des Menschen zugelassen hat.

M. Ja, aber diese Entgleisungen gelten nicht für das *ganze* Programm der Evolution. Sie geschehen so zwischendurch, sind Zeichen, dass eine neue Bewusstseinsstruktur notwendig – die Not wendend – wird, so wie wir es heutzutage auch wahrnehmen können. Es bahnen sich neue Fähigkeiten im Menschen an und wollen verwirklicht werden, aber das Alte, Gewohnte will nicht aufhören zu dominieren. Wir leben in einer Epoche der Umwandlung. Wir merken, dass unser mental-rationales Bewusstsein und unsere Egoformation, die besonders an das Mentale und Vitale gebunden ist, nicht mehr zur Lösung der Weltprobleme genügen. Sie sind den Anforderungen der Evolution nicht mehr gewachsen. Ein *supra*-mentales Bewusstsein – wie Sri Aurobindo es nennt – will sich im Menschen manifestieren. In diesem neuen Bewusstsein hat nicht mehr das abgekapselte Ich die Vorherrschaft, sondern das mit allem in Resonanz mitschwingende Selbst, das seine Türen zu den Unendlichkeiten weit offen hält.

F. Könnte man die Phasen der Umwandlung in Beziehung setzen zu den Aussagen in der Offenbarung [21,1-5]. Dort steht: „Dann sah ich einen neuen Himmel und eine neue Erde; denn der erste Himmel und die erste Erde sind vergangen... Ich sah ... das neue Jerusalem, von Gott her aus dem Himmel herabkommen. ... Der Tod wird nicht mehr sein, keine Klage, keine Mühsal. Denn die alte Welt ist vergangen... Siehe, ich mache alles neu."
Wird da nicht auch – in der damaligen Symbolsprache, vielleicht durch Eingebungen, Visionen, Träume – auf eine neue Bewusstseinsstruktur im Menschen schon hingewiesen?

M. Ja. Wesentlich ist, dass wir nicht einfach passiv auf diese neue Welt warten, sondern dass wir an dem eigenen Bewusstsein arbeiten. Es braucht unser Mitwirken. Wenn wir an *uns* schleifen und *uns* verändern, verändert sich auch die Welt.

F. Wir denken immer, zuerst müssten wir die Welt verändern, aber es ist genau umgekehrt.

M. Ja. Wir fragen uns gerne: Was soll ich denn jetzt *tun*? Aber viel wichtiger ist die Frage: Was soll ich denn jetzt *sein*? Wir haben die Freiheit, etwas anderes zu sein, uns auf die Töne des Unendlichen abzustimmen, unsere Schwingungen zu verändern – und dies in allen Situationen unseres Alltags.

Eine leise Ahnung von diesem neuen Mensch-sein können wir vielleicht durch die folgenden Worte aus Sri Aurobindos Epos *Savitri** bekommen:

„Unabsehbar hervorströmende Unendlichkeiten,

die eine unermessliche Glückseligkeit herauslachten,

lebten in ihrem vielfältigen Einssein; ...

Denn eng vereint mit allen waren alle durch spirituelle Bindungen

und unauflöslich mit dem Einen eng verbunden:

Jeder war einzigartig, doch hielt er alle Leben wie sein eignes,

und diesen Tönen des Unendlichen folgend,

erkannte er in sich selbst das ganze Universum."

Anmerkungen

Am Anfang schuf Gott Himmel und Erde, S. 110
Dieses Zitat und auch alle anderen Bibelzitate im Kapitel III des vorliegenden Buches stammen aus der *Genesis*, 1. Buch Mose, Kapitel 1-3, so, wie Martin Luther diesen ursprünglich hebräischen Schöpfungsbericht ins Deutsche übersetzt hat. Siehe S. 180.

Analytisch-mentales Bewusstsein, S. 110, 143
In seinem Hauptwerk *Ursprung und Gegenwart* erläutert der Kulturphilosoph Jean Gebser (1905-1973) ausführlich die sich um ca. 500 v. Chr. ereignende Veränderung des Bewusstseins von der ‚mythischen' zur ‚mentalen' Struktur (wie er sie nennt). Die jeweils frühere Bewusstseinsstruktur verschwindet nicht, ist aber nicht mehr dominant. Siehe auch *Bewusstseinsebenen in uns*.

Asurische Kräfte, S. 141
Asura ist ein Sanskritwort für Dämon, Titan – eine kosmische Kraft, die sich der göttlichen Ordnung und der göttlichen Absicht (der Evolution des Bewusstseins) widersetzt. Asura-Wesen haben sich von der Einheit des Seins getrennt. Sie versuchen Einfluss auszuüben auf Menschen, und so sind in uns Menschen ebenfalls asurische Kräfte wirksam – als Vibrationen der Herrschsucht, der Macht und des Egoismus, der Habgier, der Rücksichtslosigkeit und des Neids etc. Der Mensch wird in der indischen Psychologie als ein Kampffeld gesehen, wo Asuras und Devas (begrenzte und unbegrenzte Kräfte, Dämonen und Götter) miteinander kämpfen.

Aurobindo, Sri, S. 64, 70, 102, 112, 116, 118, 123, 141
1872 in Kalkutta geboren, verbrachte er auf Wunsch seines Vaters seine Schul- und Studienzeit in England, kehrte 1893 nach Indien zurück und wurde Direktor des ersten national-indischen Colleges in Calcutta. Er kämpfte für ein unabhängiges Indien und wurde von der damaligen britisch-indischen Regierung als politischer Revolutionär verfolgt und 1908 verhaftet. Während der einjährigen harten Gefängniszeit in Alipur

wurden ihm große spirituelle Erfahrungen zuteil, die in ihm eine tief-greifende Wandlung bewirkten. Nach seiner Freilassung zog er sich nach Pondicherry in Südindien zurück (damals französisches Territorium), um sich ganz auf die innere Arbeit, den integralen Yoga, zu konzentrieren.

Was ist der *integrale* Yoga?

Mit Yoga – im weitesten Sinne des Wortes – ist ein Arbeiten am Bewusst-sein gemeint. Durch Aspiration strebt man danach, sein Wesen (mit all den verschiedenen Bewusstseinskräften) an das höchste Bewusstsein, das Göttliche, ,anzujochen' (das Wort Yoga ist verwandt mit ,Joch') und Eins-Sein zu realisieren. Im *integralen* Yoga Sri Aurobindos werden bereits bestehende klassische Yoga-Wege – der Karma-Yoga (selbstlose aufopfernde Arbeit), der Bakti-Yoga (Liebe, Verehrung und Hingabe), und der Jnana-Yoga (Erkenntnis, Wissen durch direktes Wahrnehmen) – integriert.

Nicht ein Zurückziehen von der Welt wird angestrebt, sondern eine Ver-vollkommnung aller Wesensteile: Körper, Vital, Mental und Übermental (Overmind) sollen durch Aspiration und Hingabe, durch selbstloses, dem Göttlichen geweihtes Wirken in der Welt, durch ein Sich-Öffnen für das höchste Wahrheitsbewusstsein – er nannte es das supramentale Bewusstsein – geläutert und transformiert werden. Sri Aurobindo sah sich als Instrument, die Herabkunft des supramentalen Bewusstseins herbeizuführen.

Seine zahlreichen Werke – unter anderem *Die Synthese des Yoga, Das gött-liche Leben, Die Mutter, Das Ideal einer geeinten Menschheit, Essays über die Gita*, seine *Gedichte* und vor allem sein großes Epos *Savitri* – sind unmittelbarer Ausdruck der fortschreitenden Höherentwicklung seines Bewusstseins. Diese Werke repräsentieren eine integrale Synthese der westlichen und östlichen Kultur. Immer wieder betonte er auch, dass eine Evolution durch die höchste Bewusstseinskraft bewirkt wird, weil diese bereits in allem involviert ist: Die Kraft, die ,von unten ruft' und die-jenige, die ,von oben antwortet', sind zwei Pole derselben Wirklichkeit.

Bewusstsein, S. 112, 127, 161

In der heutigen Zeit wird Bewusstsein oft mit rationalem Denken (und unserem normalen Wachzustand) gleichgesetzt. Doch Bewusstsein ist umfassender:

So wie wir aus dem großen Spektrum der elektromagnetischen Wellen oder den Tonfrequenzen nur einen begrenzten Teil sehen oder hören können, so erkennt unser oberflächliches, äußeres Wesen auf unserer jetzigen Evolutionsstufe nur einen begrenzten Ausschnitt aus dem umfassenden Bewusstsein mit seinen vielen Graden, Stufen, Strukturen.

Bewusstseinsebenen (-strukturen, -frequenzen) in uns, S. 64, 103, 142
Sri Aurobindo spricht von einem physischen, vitalen, mentalen, übermentalen und supramentalen Bewusstsein (siehe *Das Göttliche Leben* und *Die Synthese des Yoga*).
Der Kulturphilosoph Jean Gebser unterscheidet ein archaisches, magisches, mythisches, mentales und integrales Bewusstsein (siehe sein Hauptwerk *Ursprung und Gegenwart*).

Physisches Bewusstsein
Dazu gehören Körperempfindungen wie Hunger, Schmerz, Müdigkeit.

Vitales Bewusstsein
Zu unserer Lebens-Natur gehören Sinneseindrücke, Emotionen, Gefühle, Wünsche, Leidenschaften, Anziehung und Abstoßung und der Drang, in der Welt zu handeln.

Mentales Bewusstsein
Sri Aurobindo unterscheidet verschiedene Stufen des Denkwesens, die er in seinen Werken *Die Synthese des Yoga* und *Das göttliche Leben* ausführlich beschreibt. Das gewöhnliche Denken kann in drei Funktionsweisen eingeteilt werden: Das physische (mechanische), von Sinneseindrücken beeinflusste Denken, das vitale (von Emotionen, Gefühlen und Wünschen getriebene) Denken und das intellektuelle, logische Verstandes-Denken, das analytische Denken. Darüber, uns meist noch verborgen im Überbewussten, gibt es höhere Funktionen eines spiritualisierten Denkens. Sri Aurobindo nennt sie: Das höhere Denken, das erleuchtete Denken, die Intuition und das übermentale Denken (die Ebene des ,Overmind').

Übermentales Bewusstsein (der ‚Overmind'), S. 129

Es bildet eine Verbindung zum supramentalen Bewusstsein (siehe weiter unten). Von diesem höchsten Wahrheitsbewusstsein vermag der Overmind einzelne Wahrheiten als separate Identitäten herabzubringen. In *Die Synthese des Yoga,* Kapitel: Auf dem Weg zur supramentalen Zeitschau, S. 900, deutsche Ausgabe 1972, schreibt Sri Aurobindo: „Jedes intuitive Wissen rührt mehr oder minder direkt von dem Licht des sich seines Selbst bewussten Geistes (Spirit) her, das in das Mental eindringt. Der hinter dem Mental verborgene Geist ist aller Dinge in sich selbst und in allen seinen Selbsten bewusst. Er ist allwissend und fähig, das unwissende oder sein Selbst vergessende Mental aus seiner Allwissenheit entweder durch seltene oder durch ständige Lichtblitze oder durch ein stetig einströmendes Licht zu erleuchten." In *Das Göttliche Leben I,* Kapitel: Materie, S. 268 (Fußnote), deutsche Ausgabe 1974, sagt Sri Aurobindo: „Das Mental, wie wir es kennen, erschafft nur in einem relativen, instrumentalen Sinn. Es hat unbegrenzte Macht zur Kombination, aber seine schöpferischen Motive und Formen kommen zu ihm von ‚oben': Alle geschaffenen Formen haben ihre Basis im Unendlichen, oberhalb von Mental, Leben und Materie. Sie werden hier aus dem Infinitesimalen repräsentiert, rekonstruiert – gewöhnlich stark misskonstruiert. ‚Ihre Wurzeln sind oben, ihre Verzweigungen gehen nach unten', sagt der Rig Veda. Das überbewusste Mental, von dem wir sprechen, sollte man eher ein Übermental nennen. Es nimmt in der hierarchischen Ordnung der Mächte des Geistes eine Zone ein, die direkt vom supramentalen Bewusstsein abhängt."

Supramentales Bewusstsein, S. 167

Über oder jenseits der verschiedenen mentalen Strukturen wirkt – so Sri Aurobindo – ein supramentales Bewusstsein, ein Wahrheitsbewusstsein, eine göttliche Gnosis. Dieses höchste, universelle Bewusstsein (es ist gleichzeitig auch der Urgrund von allem) existiert und wirkt in der Wahrheit, in der Wesens-Einheit – und nicht, wie das Mentale, in den vordergründigen Erscheinungen und Teilungen. Das Supramentale ist Wissen durch Identität, kennt auf diese Weise das Selbst, das Sat-Chit-Ananda (Sein-Bewusstsein-Seligkeit), die Wahrheit in allen Manifestationen, den Ursprung allen Seins. (Siehe auch Sri Aurobindo SABCL, XVIII, *Das Göttliche Leben (The Life Divine)*, 122)

Carlos Castañeda, S. 154

(1925-1998), der US-amerikanische Ethnologe und Anthropologe peruanischer Abstammung hat während seiner Feldforschung über die Ureinwohner Mexikos und deren Gebrauch von Heilkräutern einen Yaqui-Indianer namens Don Juan kennengelernt und von ihm neue Wirklichkeitserfahrungen gelernt, die er in zahlreichen Werken darzustellen versuchte, unter anderem in *Die Lehren des Don Juan – ein Yaqui-Weg des Wissens, Das Wirken der Unendlichkeit, Eine andere Wirklichkeit, Das Feuer von innen, Die Kraft der Stille, Die Kunst des Träumens.*

Corps glorieux, Goldenes Vlies, Glückshaut, S. 152

Gemeint ist ein subtiler, leuchtender, verklärter Körper, der sowohl im Christentum als auch in den alten indischen Veden (unter den 5 Koshas) erwähnt wird. Dieser könnte laut Mirra Alfassa, der spirituellen Gefährtin Sri Aurobindos, in der zukünftigen Evolution einmal den materiellen Körper ersetzen. Die alten Taoisten Chinas sprachen in diesem Zusammenhang von einem ‚diamantenen' Körper.

Goldenes Vlies

Die griechische Argonauten-Sage erzählt von der Meerfahrt der Argonauten auf der Suche nach dem *Goldenen Vlies,* Symbol für die Hülle der Seligkeit. Das Symbolbild entstand wohl dadurch, dass man früher Gold mithilfe von Schafsfellen gewann, die in die glasklaren, an kleinsten Goldpartikeln reichen Gebirgsflüsse gelegt wurden, so dass die Goldpartikel am Lanolin der Wollhaare hängenblieben und das Schafsfell ‚golden' wurde. Das Goldene Vlies wird ausführlich erläutert in Medhananda, *Archetypen der Befreiung,* 103-107.

Glückshaut

Im Märchen *Der Teufel mit den drei goldenen Haaren* wird die Glückshaut erwähnt. Gewöhnlich ist damit ein Fruchtblasenrest am Kopf eines Neugeborenen gemeint, was im Volksglauben als Glückszeichen gilt. Medhananda sieht die Glückshaut in einem umfassenderen Sinne: als Hülle der Seligkeit, in Indien Ananda-maya-kosha genannt. Siehe *Koshas*

Dad, Urwort für Tat und Tod, S. 137

Das Verbum ‚tun‘, von dem das Wort ‚Tat‘ abgeleitet ist, geht auf die indogermanische Wurzel *dhe: dho* zurück; das Wort ‚Tod‘ geht auf die indogermanische Wurzel *dheu: dhou* zurück. Von ihrer Doppelwurzel leitet sich das Wort *dad* ab, das im Altsächsischen ‚tun‘ im Altfriesischen ‘tot‘ bedeutet. Siehe dazu auch Jean Gebser, *Ursprung und Gegenwart*, Kapitel „Exkurs über die Einheit der Urwörter“.

Das Ego war der Helfer, das Ego ist das Hindernis, S. 119

Sri Aurobindo sagt in einem seiner Aphorismen: "When we have passed beyond individualising, / then we shall be real Persons. /Ego was the helper; Ego is the bar. / When we have passed beyond humanity, / then we shall be the Man. / The Animal was the helper; / the Animal is the bar." Siehe *Thoughts and Glimpses, Cent.* Vol. 16, S. 377

Das Buch von denen, die ins Licht gehen, S. 9

Der deutsche Ägyptologe K. R. Lepsius hat im Jahr 1842 eine Sammlung alt-ägyptischer Symbol-Aussagen als *Das Totenbuch der Ägypter* bezeichnet, und dies wurde von den späteren Ägyptologen so übernommen. Ursprünglich wurden diese Schriften in Theben (Nord-Ägypten) *pert em hru* genannt, ein Titel, der in Varianten folgendermaßen übersetzt wurde: „manifestiert im Licht“, „hervorkommen bei Tag“, „die Manifestation des Lichtes“, „[Kapitel von] der Erscheinung im Lichte“, „Erscheinen am Tage“, etc.. Medhananda nimmt sich die Freiheit, diese Sammlung *Das Buch von denen, die ins Licht gehen* zu nennen.

Dies irae, S. 155

Lateinisch *Tag des Zorns*, ist ein Hymnus über das *Jüngste Gericht*. Er wurde vom 14. Jahrhundert an bis noch 1970 im römisch-katholischen Ritus als Sequenz der Totenmesse gesungen.

***Eine* göttliche Existenz – *Viele* Götter**, S. 116

In *Das Geheimnis des Veda* (*The Secret of the Veda*) schreibt Sri Aurobindo: „Es ist ein ausgeprägtes, ein essentielles Kennzeichen der Vedischen Hymnen, dass diese – obschon der Vedische Kult nicht monotheistisch im heutigen Sinn des Wortes war – doch unablässig, manchmal ganz offen und einfach, manchmal auf komplexe und schwierige Weise immer als zugrunde liegende Vorstellung anerkennen, dass die in ihnen angerufenen vielen Götter in Wirklichkeit nur *eine* Gottheit sind – eine mit vielen Namen –, enthüllt in vielen Aspekten, die den Menschen in der Maske vieler göttlicher Persönlichkeiten begegnen kann."

Erleuchtete Bewusstseinszustände, S. 125
siehe *Bewusstseinsebenen in uns*

Evolution des Bewusstseins, S. 141
In *Mutters Agenda, 1961,* Band 2 sagt Mirra Alfassa (im Sri Aurobindo Ashram *Die Mutter* genannt) zu Satprem im Gespräch vom 11. März 1961 über den hebräischen Schöpfungsbericht: „...Nach Theon war die Schlange überhaupt nicht der Geist des Bösen, sondern die Kraft der Evolution. Und dem stimmte Sri Aurobindo völlig zu, er sagte dasselbe."

Gnosis, S. 118
Medhananda verwendet das Wort Gnosis im Sinne von psychologischem Selbst-Wissen, Selbsterforschung, Selbst-Erkenntis, und in Anlehnung an Sri Aurobindos Werk *Das Göttliche Leben*, in denen ‚Gnosis' auf 50 Seiten erläutert wird (im Buch II, Teil 2).

Grade (Stufen) des einen Bewusstseins, S. 161
siehe auch unter *Bewusstseinsebenen in uns*

Ichfreiheit / Ichlosigkeit, S. 119
Der Kulturphilosoph J. Gebser (1905-1973) hat den Begriff Ichfreiheit eingeführt und legte Wert darauf, zwischen Ichlosigkeit, Ichhaftigkeit und Ichfreiheit zu unterscheiden, genauso wie zwischen Zeitlosigkeit, Zeithaftigkeit und Zeitfreiheit oder zwischen irrationaler, rationaler und arationaler, bzw. unperspektivischer, perspektivischer und aperspektivischer Bewusstseinsstruktur. In seinem Hauptwerk *Ursprung und Gegenwart* erläutert er die verschiedenen Bewusstseinsstrukturen ausführlich. Siehe auch unter *Bewusstseinsebenen in uns*

Involution, S. 64, 131

ist der Prozess der ‚herabsteigenden‘ (umgekehrten) Bewegung der Evolution, bei dem das höchste Bewusstsein seinen anderen Pol erreicht, das
totale Unbewusstsein in der Materie, aus dem dann alles wieder ‚hinauf‘
evolviert. Sri Aurobindo schreibt in *The Supramental Manifestation*, 235:
„Das Wort Evolution trägt in seiner innersten Bedeutung, in der Idee
an seiner Wurzel, die Notwendigkeit einer vorausgegangenen Involution.
Alles, was evolviert, existierte schon vorher *involviert*, passiv oder auch
verhüllt aktiv, aber in beiden Formen in der Hülle der materiellen Natur
verborgen.“
Der Kulturphilosoph Jean Gebser schreibt in *Der unsichtbare Ursprung*:
„Dass es [das neue, integrale Bewusstsein, das sich in unserer Epoche im
Menschen anbahnt] heute weckbar ist, zeigt, dass es bereits in uns ver-
anlagt ist, dass also die heute sich vollziehende Bewusstseins-Steigerung
oder -Mutation – soweit sie als evolutives Geschehen gewertet wird – ein
Nachvollzug ist, der dauernd aus der geistigen Kraft und der Transparenz
des Unsichtbaren genährt wird. Hinzukommt, dass sich das wirklich
Neue, wenn wir es zu ahnen beginnen, bereits ereignet hat.“
Schon in den Veden steht, dass es die Zukunft [das höhere Bewusstsein]
ist, welche die Vergangenheit baut: "Who has perceived this occult truth,
that the child gives being to the Mother by the workings of his nature?"
Der Quantenphysiker Werner Heisenberg sagt in seinem Vortrag *Atom-
physik und Kausalgesetz*: „... dass Experimente über die Vorgänge in
ganz kleinen Raum-Zeit-Bereichen zeigen werden, dass gewisse Prozesse
scheinbar zeitlich umgekehrt ablaufen, als es ihrer kausalen Reihenfolge
entspricht.“

Jahwist, S. 132 siehe *Schöpfungsbericht*

Kausalkörper, S. 93, 145
siehe Koshas

Kein Lebendiges ist Eins. Immer ist's ein Vieles, S. 121
Goethe sagt in seinem Gedicht *Epirrhema*:
Müsset im Naturbetrachten / Immer eins wie alles achten; / Nichts
ist drinnen, nichts ist draußen: / Denn was innen das ist außen. / So
ergreifet ohne Säumnis / Heilig öffentlich Geheimnis. / Freuet euch des

wahren Scheins, / Euch des ernsten Spieles: / Kein Lebendiges ist Eins, / Immer ist's ein Vieles.

Koshas, S. 142, 145
In der indischen Psychologie kennt man 5 Körper-Hüllen, die soge-nannten Koshas, welche verschiedenen Bewusstseins-Ebenen (-Welten) angehören:
anna-maya-kosha, der physische Körper
prana-maya-kosha, der vitale Energie-Körper
mano-maya-kosha, der mentale Körper
vijnana-maya-kosha, der Körper der Intuition und Erleuchtung
ananda-maya-kosha, der Körper der Seligkeit;
Letzterer ist unsere größte Hülle, und weil diese als Matrix den Aufbau aller anderen Körperhüllen bewirkt, spricht man auch vom ‚Kausalkör-per'.
Siehe auch Sri Aurobindo, SABCL, XXX, *The Synthesis of Yoga*.

Kundalini-Energie, S. 147
Eine Energie/Bewusstseinskraft im Körper, die wie eine zusammen-gerollte Schlange in unserem untersten Energiezentrum (Chakra) ruht. Durch Aspiration, Yoga (Tapasya) kann diese Kraft aufsteigen und die anderen sechs Zentren erwecken. Jedes aktivierte Chakra wirkt auf eine Bewusstseinsebene in uns ein und transformiert unsere Natur. Im obers-ten Chakra über dem Kopf, dem ‚tausendblättrigen Lotos', wird höchstes Bewusstsein und Seligkeit wahrgenommen. Sri Aurobindo betont, dass das Erwecken der Zentren auch spontan auftreten kann, und dass auch die umgekehrte Bewegung – vom höchsten Bewusstsein abwärts in die unteren Bereiche – stattfinden kann. Man nimmt die Herabkunft einer Gegenwart wahr, einer Kraft, Freude, eines Friedens, Lichts, Wissens.

Laotse, S. 117
Chinesischer Weiser (im 6. Jh. v. Chr.), Begründer des Taoismus, schreibt in *Tao Te King*: „Was die Früheren lehrten, das lehre ich auch. Die Beharrlichen sterben nicht den Tod nach Weise der Natur. Das soll der Ausgangspunkt meiner Lehre sein."

Mahā-vākya, S. 160

ist ein Sanskritausdruck in den Upanishaden: Mahā = gross, und Vākya = Ausspruch, Lehrsatz. Es sind Identifikationsübungen, die den Sucher der Wahrheit immer wieder an sein Einssein mit dem All-Einen (in Indien Brahman genannt) erinnern sollen. Hier drei Mahā-vākyas: *Tat Twam Asi* = Das bist du. *Prajnanam Brahma* = Brahman ist Bewusstsein. *Aham Brahmasmi* = Ich bin dieses Brahman, dieses Unendliche, dieses Ewige.

Medu Neter, S. 124

ist der ägyptische Ausdruck für das griechische Wort Hieroglyphe und wird mit einem Stab dargestellt, auf dem ein Stern ist, dessen inspirierendes Licht von zwei herabkommenden Armen behütet wird: Jeder Medu Neter hat neben der vordergründigen, dinglichen Bedeutung (Symbol Stab) stets eine tiefere, psychologische, auf die innere Welt bezogene Bedeutung (Symbol Stern). Er birgt das geheime Wissen, wie man sich selbst (psychologisch) baut. Seschat, Neter der Schreib- und Baukunst, trägt den Sternenstab über ihrem Kopf. Wir haben heute nur noch ‚Buchstaben‘ ohne tiefere Bedeutungen. Ein ‚heiliger Stab‘ aber wird heute noch von hohen, religiösen Würdenträgern wie Bischof, Kardinal und Papst getragen, und um die Weihnachtszeit tragen die ‚Sternsinger‘ Stäbe mit Sternen. Siehe auch Medhananda, *Die Königliche Elle,* Kapitel: Planen, S. 60.

Neteru, S. 63, 122, 135

Neteru (singular Neter), hieroglyphisch mit Fahne und Schlange dargestellt, wird von den Ägyptologen mit *Götter* übersetzt. Medhananda nennt sie *Seelenkräfte, Archetypen, universelle Prinzipien.* Er sieht in den Neteru nicht übernatürliche Wesen, sondern Prinzipien, Kräfte, die in uns und im Universum auf allen Ebenen des Seins wirken. Siehe dazu auch Medhananda, *Der Weg des Horus,* Kapitel: Jene ewigen Bewegungen in uns, S. 43f.

Noosphäre, S. 129, 130, 154

Teilhard de Chardin erkannte, dass es neben der Hydrosphäre, der Lithosphäre und der Biosphäre eine Noosphäre (von griechisch *nóos* =

Verstand) gibt, ein die Erde umspannendes Kräftefeld. Es ist die Sphäre der Gedankenaktivitäten, der mentalen Kommunikation (Bücher, Zeitungen, Radio, Television), welche das Bewusstsein der jetzigen Menschheit dominiert. Für Teilhard ist die Noosphäre eine Phase geistiger Entwicklung, in der die Menschheit immer mehr zu einem ‚einzigen Geist‘ zusammenwächst. Ein weiteres Kräftefeld ist die Logosphäre, eine über den Gedanken stehende Bewusstseinsebene reiner Schwingungen. Siehe dazu auch übermentales Bewusstsein / supramentales Bewusstsein.

Null-Seligkeit, S. 161
Medhananda schreibt in einem seiner Aphorismen: „Weil Gott reine Seligkeit ist, kann es nicht eine Nicht-Seligkeit, ein Nicht-Bewusstsein oder ein Nicht-Sein geben. Sein, Bewusstsein und Seligkeit erstrecken sich über viele Stufen der Intensität. Und selbst die untersten Stufen auf der Leiter sind nie völlig Nicht-Das. Null-Seligkeit ist immer noch Seligkeit, die Null spielt." Siehe Medhananda, *Auf der Schwelle zu einem neuen Bewusstsein,* S. 160

Paulus und seine Briefe, S. 132
Im ersten Korintherbrief, Kapitel 11, schreibt der Apostel Paulus über die Frau im Gottesdienst: „... Ein Weib aber, das da betet oder weissagt mit unbedecktem Haupt, die schändet ihr Haupt, denn es ist ebenso viel, als wäre es geschoren. Will sie sich nicht bedecken, so schneide man ihr das Haar ab. Nun es aber übel steht, dass ein Weib verschnittenes Haar habe und geschoren sei, so lasset sie das Haupt bedecken. Der Mann aber soll das Haupt nicht bedecken, sintemal er ist Gottes Bild und Ehre; das Weib aber ist des Mannes Ehre. Denn der Mann ist nicht vom Weibe, sondern das Weib vom Manne. Und der Mann ist nicht geschaffen um des Weibes willen, sondern das Weib um des Mannes willen..."

Real-Idee, S. 146
So wie ein Kleidungsstück nach einem bestehenden Muster angefertigt wird, so liegt der Manifestation der verschiedenen Gesteins-, Tier-, Pflanzenarten und Menschen eine ‚Real-Idee‘ (wie Sri Aurobindo sie nennt) zugrunde. Diese ist eine Macht der Bewusstseins-Kraft, die das wahre Wesen zum Ausdruck bringt. Die Real-Idee trägt in ihrem Selbstwissen

den Willen zur Selbstmanifestation und die Macht all ihrer Potenziali-
täten.

Savitri, S. 165

Die zitierte Stelle ist aus *Savitri,* Book III, Canto 3, p. 323:
Incalculable outflowing infinitudes / Laughing out an unmeasured hap-
piness / Lived their innumerable unity; ... / All by spiritual links were
joined to all / And bound indissolubly to the One:/ Each was unique but
took all lives as its own, / And, following out these tones of the Infinite, /
Recognised in himself the universe.

Savitri ist der Titel einer alten vedische Legende aus dem Epos *Maha-
bharata,* deren tiefe Symbolik Sri Aurobindo erkannte: Er fand darin
eigene spirituelle Erfahrungen gespiegelt, die er in seinem gleichnamigen
Epos *Savitri* in 24 000 Versen neu ausdrückte: Savitri ist die höchste
göttliche Wahrheit, die auf die Erde herabkommt und geboren wird, um
Unwissenheit und Tod zu besiegen. Satyavan, ihr Gemahl, symbolisiert
die menschliche Seele, welche in der Gewalt von Tod und Unwissenheit
lebt, die aber durch Savitris aufopfernde Liebe schließlich daraus befreit
werden kann. Alle Geschehnisse symbolisieren Vorgänge im Bewusstsein, die in jedem von uns potenziell stattfinden können.

Schöpfungsbericht S. 110

Die fünf Bücher Mose entstanden zwischen dem 10. und dem 6. Jh.
v. Chr. (Moses lebte, so nimmt man an, im 13. Jh v. Chr.). Mehrere Auto-
ren sollen daran beteiligt gewesen sein. Das Kapitel 1 des ersten Buches
Mose wird *Priesterschrift* genannt (dort wird der Name Elohim für Gott
verwendet), das Kapitel 2 ist von einem *Jahwist* verfasst (dort wird der
Name Jahwe für Gott verwendet). Die vom Christentum übernommene,
griechische Übersetzung dieser Texte hat den Titel *Die Genesis.*

Sva Dharma, S. 112, 150

Ein Sankrit-Ausdruck: *Sva* = eigen, innewohnend, und *Dharma* =
Wesensgesetz, inneres Programm, persönliche Aufgabe, Verantwortung.
Die innen wahrgenommene Wesensart kann bei jedem Menschen anders
sein. Das Erkennen seines Sva Dharmas führt zu einem Handeln, das von
der wesentlichen Art des Selbst-Seins eines jeden Menschen bestimmt
wird. Es führt zu einer individuellen, selbstbestimmten Verhaltens- und

Lebensweise. In der Bagavad Gita steht: ‚Besser du tust dein eigenes Programm (Sva Dharma) und sei es noch so unvollkommen, als dass du das Programm eines andern auf dich nimmst, auch wenn du es noch so gut erfüllst. Besser du stirbst in Erfüllung deines eigenen Weges, und führe er noch so sehr über Umwege'.

Übermentales Bewusstsein (der ‚Overmind'), S. 123
siehe *Bewusstseinsebenen in uns*

Yugas, S. 112, 118
Sanskritwort für *aufeinanderfolgende Zeitalter*, die sich stets in einem Kreis oder in einer Spirale bewegen; vom Zeitalter des Goldes, des Silbers, der Bronze, des Eisens erneut zum Zeitalter des Goldes. Letzteres (in Sanskrit Satya-Yuga, Zeitalter der Wahrheit genannt) ist eine Epoche, in welcher der Mensch im Einklang mit seiner Wesensnatur, seinem inneren Wesensgesetz lebt und (unter gewissen Bedingungen und Beschränkungen) ein harmonisches, vollkommenes Dasein verwirklichen kann. Siehe dazu auch J. Tyberg, *The Language of the Gods*.

* * *

Die Illustrationen im Kapitel III stammen aus den folgenden Büchern von Medhananda: *Der Weg des Horus, Archetypen der Befreiung, Die Pyramiden und die Sphinx, Die Königliche Elle, Das altägyptische Senet-Spiel.*

Kapitel 1

[1] Am Anfang schuf Gott Himmel und Erde. [2] Und die Erde war wüst und leer, und Finsternis lag auf der Tiefe; und der Geist Gottes schwebte über dem Wasser. [3] Und Gott sprach: Es werde Licht! Und es ward Licht. [4] Und Gott sah, dass das Licht gut war. Da schied Gott das Licht von der Finsternis [5] und nannte das Licht Tag und die Finsternis Nacht. Da ward aus Abend und Morgen der erste Tag. [6] Und Gott sprach: Es werde eine Feste [ein Gewölbe[1]] zwischen den Wassern, die da scheide zwischen den Wassern. [7] Da machte Gott das Gewölbe und schied das Wasser unter dem Gewölbe von dem Wasser über dem Gewölbe. Und es geschah so. [8] Und Gott nannte das Gewölbe Himmel. Da ward aus Abend und Morgen der zweite Tag. [9] Und Gott sprach: Es sammle sich das Wasser unter dem Himmel an einem Ort, dass man das Trockene sehe. Und es geschah so. [10] Und Gott nannte das Trockene Erde, und die Sammlung der Wasser nannte er Meer. Und Gott sah, dass es gut war. [11] Und Gott sprach: Es lasse die Erde aufgehen Gras und Kraut, das Samen bringe, und fruchtbare Bäume, die ein jeder nach seiner Art Früchte tragen, in denen ihr Same ist auf der Erde. Und es geschah so. [12] Und die Erde ließ aufgehen Gras und Kraut, das Samen bringt, ein jedes nach seiner Art, und Bäume, die da Früchte tragen, in denen ihr Same ist, ein jeder nach seiner Art. Und Gott sah, dass es gut war. [13] Da ward aus Abend und Morgen der dritte Tag. [14] Und Gott sprach: Es werden Lichter an der Feste des Himmels, die da scheiden Tag und Nacht. Sie seien Zeichen für Zeiten, Tage und Jahre [15] und seien Lichter an der Feste des Himmels, dass sie scheinen auf die Erde. Und es geschah so. [16] Und Gott machte zwei große Lichter: ein großes Licht, das den Tag regiere, und ein kleines Licht, das die Nacht regiere, dazu auch die Sterne. [17] Und Gott setzte sie an die Feste des Himmels, dass sie schienen auf die Erde [18] und den Tag und die

---

1   Wir haben in der Folge ‚die Feste‘ durch ‚das Gewölbe‘ ersetzt, so wie es in der Einheitsübersetzung der deutschen Bibelgesellschaft übersetzt ist.

Nacht regierten und schieden Licht und Finsternis. Und Gott sah, dass es gut war. [19] Da ward aus Abend und Morgen der vierte Tag. [20] Und Gott sprach: Es wimmle das Wasser von lebendigem Getier, und Vögel sollen fliegen auf Erden unter der Feste des Himmels. [21] Und Gott schuf große Seeungeheuer und alles Getier, das da lebt und webt, davon das Wasser wimmelt, ein jedes nach seiner Art, und alle gefiederten Vögel, einen jeden nach seiner Art. Und Gott sah, dass es gut war. [22] Und Gott segnete sie und sprach: Seid fruchtbar und mehret euch und erfüllet das Wasser im Meer, und die Vögel sollen sich mehren auf Erden. [23] Da ward aus Abend und Morgen der fünfte Tag. [24] Und Gott sprach: Die Erde bringe hervor lebendiges Getier, ein jedes nach seiner Art: Vieh, Gewürm und Tiere des Feldes, ein jedes nach seiner Art. Und es geschah so. [25] Und Gott machte die Tiere des Feldes, ein jedes nach seiner Art, und das Vieh nach seiner Art und alles Gewürm des Erdbodens nach seiner Art. Und Gott sah, dass es gut war. [26] Und Gott sprach: Lasset uns Menschen machen, ein Bild, das uns gleich sei, die da herrschen über die Fische im Meer und über die Vögel unter dem Himmel und über das Vieh und über die ganze Erde und über alles Gewürm, das auf Erden kriecht. [27] Und Gott schuf den Menschen zu seinem Bilde, zum Bilde Gottes schuf er ihn; und schuf sie als Mann und Frau. [28] Und Gott segnete sie und sprach zu ihnen: Seid fruchtbar und mehret euch und füllet die Erde und machet sie euch untertan und herrschet über die Fische im Meer und über die Vögel unter dem Himmel und über alles Getier, das auf Erden kriecht. [29] Und Gott sprach: Sehet da, ich habe euch gegeben alle Pflanzen, die Samen bringen, auf der ganzen Erde, und alle Bäume mit Früchten, die Samen bringen, zu eurer Speise. [30] Aber allen Tieren auf Erden und allen Vögeln unter dem Himmel und allem Gewürm, das auf Erden lebt, habe ich alles grüne Kraut zur Nahrung gegeben. Und es geschah so. [31] Und Gott sah an alles, was er gemacht hatte, und siehe, es war sehr gut. Da ward aus Abend und Morgen der sechste Tag.

Kapitel 2

[1] So wurden vollendet Himmel und Erde mit ihrem ganzen Heer. [2] Und so vollendete Gott am siebenten Tage seine Werke, die er machte, und ruhte am siebenten Tage von allen seinen Werken, die er gemacht hatte. [3] Und Gott segnete den siebenten Tag und heiligte ihn, weil er an ihm ruhte von allen seinen Werken, die Gott geschaffen und gemacht hatte.

Der Garten Eden

[4] Dies ist die Geschichte von Himmel und Erde, da sie geschaffen wurden. Es war zu der Zeit, da Gott der HERR Erde und Himmel machte. [5] Und alle die Sträucher auf dem Felde waren noch nicht auf Erden, und all das Kraut auf dem Felde war noch nicht gewachsen. Denn Gott der HERR hatte noch nicht regnen lassen auf Erden, und kein Mensch war da, der das Land bebaute; [6] aber ein Strom stieg aus der Erde empor und tränkte alles Land. [7] Da machte Gott der HERR den Menschen aus Staub von der Erde und blies ihm den Odem des Lebens in seine Nase. Und so ward der Mensch ein lebendiges Wesen. [8] Und Gott der HERR pflanzte einen Garten in Eden gegen Osten hin und setzte den Menschen hinein, den er gemacht hatte. [9] Und Gott der HERR ließ aufwachsen aus der Erde allerlei Bäume, verlockend anzusehen und gut zu essen, und den Baum des Lebens mitten im Garten und den Baum der Erkenntnis des Guten und Bösen. [10] Und es geht aus von Eden ein Strom, den Garten zu bewässern, und teilt sich von da in vier Hauptarme. [11] Der erste heißt Pischon, der fließt um das ganze Land Hawila und dort findet man Gold; [12] und das Gold des Landes ist kostbar. Auch findet man da Bedolachharz und den Edelstein Schoham. [13] Der zweite Strom heißt Gihon, der fließt um das ganze Land Kusch. [14] Der dritte Strom heißt Tigris, der fließt östlich von Assyrien. Der vierte Strom ist der Euphrat. [15] Und Gott der HERR nahm den Menschen und setzte ihn in den Garten Eden, dass er ihn bebaute und bewahrte. [16] Und Gott der HERR gebot dem Menschen und sprach: Du darfst essen von allen Bäumen im Garten, [17] aber von dem Baum der Erkenntnis des Guten und Bösen sollst du nicht essen; denn an dem Tage, da du von ihm isst, musst du des Todes sterben. [18] Und Gott der HERR sprach: Es ist nicht gut, dass der Mensch allein sei; ich will ihm eine Hilfe machen, die ihm entspricht. [19] Und Gott der HERR machte aus Erde alle die Tiere auf dem Felde und alle die Vögel unter dem Himmel und brachte sie zu dem Menschen, dass er sähe, wie er sie nennte; denn wie der Mensch jedes Tier nennen würde, so sollte es heißen. [20] Und der Mensch gab einem jeden Vieh und Vogel unter dem Himmel und Tier auf dem Felde seinen Namen; aber für den Menschen wurde keine Hilfe gefunden, die ihm entsprach. [21] Da ließ Gott der HERR einen tiefen Schlaf fallen auf den Menschen, und er schlief ein. Und er nahm eine seiner Rippen und schloss die Stelle mit Fleisch. [22] Und Gott der HERR baute eine Frau aus der Rippe, die er von dem Menschen nahm, und brachte sie zu ihm. [23] Da sprach der Mensch: Die ist nun Bein von meinem Bein und Fleisch von meinem Fleisch; man wird sie Männin nennen, weil sie vom Manne genommen ist. [24]

Darum wird ein Mann seinen Vater und seine Mutter verlassen und seiner Frau anhangen, und sie werden sein ein Fleisch. [25] Und sie waren beide nackt, der Mensch und seine Frau, und schämten sich nicht.

Kapitel 3
Der Sündenfall

[1] Und die Schlange war listiger als alle Tiere auf dem Felde, die Gott der HERR gemacht hatte, und sprach zu der Frau: Ja, sollte Gott gesagt haben: Ihr sollt nicht essen von allen Bäumen im Garten? [2] Da sprach die Frau zu der Schlange: Wir essen von den Früchten der Bäume im Garten; [3] aber von den Früchten des Baumes mitten im Garten hat Gott gesagt: Esset nicht davon, rühret sie auch nicht an, dass ihr nicht sterbet! [4] Da sprach die Schlange zur Frau: Ihr werdet keineswegs des Todes sterben, [5] sondern Gott weiß: an dem Tage, da ihr davon esst, werden eure Augen aufgetan, und ihr werdet sein wie Gott und wissen, was gut und böse ist. [6] Und die Frau sah, dass von dem Baum gut zu essen wäre und dass er eine Lust für die Augen wäre und verlockend, weil er klug machte. Und sie nahm von seiner Frucht und aß und gab ihrem Mann, der bei ihr war, auch davon und er aß. [7] Da wurden ihnen beiden die Augen aufgetan und sie wurden gewahr, dass sie nackt waren, und flochten Feigenblätter zusammen und machten sich Schurze. [8] Und sie hörten Gott den HERRN, wie er im Garten ging, als der Tag kühl geworden war. Und Adam versteckte sich mit seiner Frau vor dem Angesicht Gottes des HERRN zwischen den Bäumen im Garten. [9] Und Gott der HERR rief Adam und sprach zu ihm: Wo bist du? [10] Und er sprach: Ich hörte dich im Garten und fürchtete mich; denn ich bin nackt, darum versteckte ich mich. [11] Und er sprach: Wer hat dir gesagt, dass du nackt bist? Hast du gegessen von dem Baum, von dem ich dir gebot, du solltest nicht davon essen? [12] Da sprach Adam: Die Frau, die du mir zugesellt hast, gab mir von dem Baum und ich aß. [13] Da sprach Gott der HERR zur Frau: Warum hast du das getan? Die Frau sprach: Die Schlange betrog mich, sodass ich aß. [14] Da sprach Gott der HERR zu der Schlange: Weil du das getan hast, seist du verflucht vor allem Vieh und allen Tieren auf dem Felde. Auf deinem Bauche sollst du kriechen und Staub fressen dein Leben lang. [15] Und ich will Feindschaft setzen zwischen dir und der Frau und zwischen deinem Samen und ihrem Samen; er wird dir den Kopf zertreten, und du wirst ihn in die Ferse stechen. [16] Und zur Frau sprach er: Ich will dir viel Mühsal schaffen, wenn du schwanger wirst; unter Mühen sollst du Kinder gebären. Und dein Verlangen soll nach deinem Mann sein, aber er soll dein Herr sein. [17] Und zum

Mann sprach er: Weil du gehorcht hast der Stimme deiner Frau und gegessen von dem Baum, von dem ich dir gebot und sprach: Du sollst nicht davon essen –, verflucht sei der Acker um deinetwillen! Mit Mühsal sollst du dich von ihm nähren dein Leben lang. [18] Dornen und Disteln soll er dir tragen, und du sollst das Kraut auf dem Felde essen. [19] Im Schweiße deines Angesichts sollst du dein Brot essen, bis du wieder zu Erde wirst, davon du genommen bist. Denn Staub bist du und zum Staub kehrst du zurück. [20] Und Adam nannte seine Frau Eva; denn sie wurde die Mutter aller, die da leben. [21] Und Gott der HERR machte Adam und seiner Frau Röcke von Fellen und zog sie ihnen an. [22] Und Gott der HERR sprach: Siehe, der Mensch ist geworden wie unsereiner und weiß, was gut und böse ist. Nun aber, dass er nur nicht ausstrecke seine Hand und nehme auch von dem Baum des Lebens und esse und lebe ewiglich! [23] Da wies ihn Gott der HERR aus dem Garten Eden, dass er die Erde bebaute, von der er genommen war. [24] Und er trieb den Menschen hinaus und ließ lagern vor dem Garten Eden die Cherubim mit dem flammenden, blitzenden Schwert, zu bewachen den Weg zu dem Baum des Lebens.

Der Autor

Medhananda ist der spirituelle Name, den Mirra Alfassa (im Sri Aurobindo Ashram „Die Mutter" genannt) einem ihrer Schüler gegeben hat – dem in Deutschland geborenen Fritz Winkelstroeter (1908-1994), der seine Schulzeit in Pforzheim verbrachte und, neben Englisch und Französisch, schon früh Latein und Griechisch lernte. Trotz seines regen Interesses an den antiken Kulturen, ihren Symbolen und ihrer Spiritualität studierte  er, wie sein Vater (ein wohlhabender Ingenieur und Industrieller) es wünschte, in München, Heidelberg und Paris Rechtswissenschaft. Während dieser Jahre hatte er das Glück, von dem hervorragenden Gelehrten Richard Wilhelm – der das „I Ging", das „Tao Te Ging" und viele andere antike Texte aus dem klassischen Chinesisch übersetzte – unterrichtet und in die chinesische Kultur und Denkart eingeführt zu werden.

Medhananda hatte bereits eine vielversprechende Laufbahn als Jurist vor sich, nahm aber wahr, dass in Europa ein großer Krieg ausbrechen würde und verließ daher 1934 mit seiner französischen Frau Deutschland. Sie wanderten nach Tahiti in Französisch-Polynesien aus, siedelten sich auf der Nachbarinsel Moorea an, wo sie 200 Hektar Urwald kauften, ein kleines Haus bauten und sich zum Anbau von Vanille und Kaffee als Farmer niederließen. Ihre drei Kinder wuchsen in dieser paradiesischen Umgebung auf.

In der unberührten Stille des dortigen Urwalds begann Medhananda, die verschiedenen Bewusstseinsstrukturen, die seinem Selbstgewahrsein zugänglich waren, zu erkunden.

Es bot sich ihm auch reichlich Gelegenheit, die vorchristliche Kultur, die uralte Gnosis Polynesiens zu erforschen und mit deren magisch-mythischen Symbolen in Berührung zu kommen.

Während des Zweiten Weltkrieges wurde er (ein Deutscher) nahe Tahiti als potenziell feindlicher Ausländer von Französisch-Polynesien fünf Jahre lang interniert.

Nach seiner Entlassung 1946 stieß er auf die Schriften des indischen Yogis, Dichters und Philosophen Sri Aurobindo. Tief beeindruckt, schrieb er Sri Aurobindo und wurde von ihm als Schüler angenommen. Während der oft wochenlangen Aufenthalte auf der einsamen polynesischen Insel Mehetia wurden ihm tiefe spirituelle Erfahrungen zuteil.

1952 ging er nach Indien in den Sri Aurobindo Ashram in Pondicherry, wo er von der ‚Mutter‘ (Mirra Alfassa) den Auftrag erhielt, die Sri Aurobindo Bibliothek zu betreuen und am *Sri Aurobindo International Centre of Education* mitzuwirken. Dort lehrte er während vieler Jahre vergleichende Religionsgeschichte, wozu er bestens qualifiziert war durch sein lebenslanges Erforschen der spirituellen Kulturen verschiedenster Kontinente und Zeitepochen – und auch durch seine eigenen spirituellen Erfahrungen.

1965 wurde er Herausgeber der Vierteljahreszeitschrift *Equals One*, für die er (auch unter verschiedenen Pseudonymen) zahlreiche Beiträge verfasste.

1977 lebte er ein Jahr lang in *Auroville* (nahe Pondicherry) mit seiner langjährigen Mitarbeiterin Yvonne Artaud und ihren Makaken-Affen.

1978 zogen sie von dort mit den Tieren nach Reddiarpalayam (einem Vorort von Pondicherry), wo sie in einem großen mit Kokospalmen und alten Mangobäumen bewachsenen Garten das Identity Research Institute gründeten, ein Forschungsinstitut für fundamentale Psychologie.

Das eigentliche Lebenswerk galt nach langjährigen Studien und einer Studienreise der Erforschung der Bilder, Hieroglyphen und

Symbole des alten Ägypten. So wie sein Lehrer Sri Aurobindo in den Aussagen der Veden (der altindischen spirituellen Texte) eine psychologische Symbolsprache entdeckte, die tiefes inneres Wissen enthält (siehe dazu: Sri Aurobindo, *Das Geheimnis des Veda*), entdeckte Medhananda in den alten ägyptischen Hieroglyphentexten und Bildern – mit dem gleichen psychologischen Ansatz und Schlüssel – Botschaften der Selbsterkenntnis.

Medhananda – durch seine Herkunft und klassisch-humanistische Erziehung in der westlichen Kultur heimisch, durch seine in Polynesien verbrachten Jahre mit der dortigen zum Teil noch steinzeitlichen Kultur vertraut, durch seinen langen Aufenthalt in Indien mit der östlichen spirituellen Kultur verbunden und dazu durch seine Studien und Forschungen ein profunder Kenner der ägyptischen Kultur – fand nicht nur im alten Ägypten, sondern auch in den Bildern, Mythen und Märchen vieler anderer alten Kulturen Botschaften psychischer Erfahrungen, die in Symbolen ausgedrückt wurden. Uns diese alte Symbolsprache wieder verständlich und zugänglich zu machen, so dass wir dadurch uns selbst besser wahrnehmen und unsere vielen Seelenkräfte entfalten können, das war sein Anliegen.